U0127436

前華爾街美銀證券副總裁、國際金融專家 陳思進／著

看懂財經新聞
賺錢門道

國際趨勢×金融觀點×華人思維
新聞解析4原則×財經要點5大類

BUSINESS NEWS

本書的使用方法

Step1	Step2
看新聞 找消息	運用四原則，正確解讀財經新聞 學會辨別消息真偽，適當做為投資參考

從新聞媒體、報章雜誌、電視節目等收集最新財經消息。

原則一	特別關注壞消息

原則二	專家的話正確聽

原則三	分清投資與投機

原則四	回歸常識來判斷

好消息是常態，壞消息是重點，一旦遺漏，恐會帶來財務損失。

面向一

金融市場
了解遊戲規則，
才能從中獲利。

了解專家的身分背景、言論說法是否有利益衝突，藉此採取合適行動。

面向二

機構專家
維持理性看待，
避免遭受操弄。

投資收益來自投資所產生的財富；而投機的收益，是來自於另一個投機者的虧損。辨別兩者可以做為個人風險承擔和資金分配的考量。

面向三

房地產
為高房價解套，
以租代買趨勢。

面向四

貨幣
知曉貨幣本質，
破解金錢騙局。

用常理來進行價值判斷，避開金融陷阱。

面向五

經濟社會
宏觀整體經濟，
健全財務幸福。

目錄

序言

累積財經知識
才能有投資優勢

近幾年，不論是在電視或網路上，媒體都經常向人們介紹理財的技巧和方法，而出現最多的兩個詞，就是「投資」和「投資者」。彷彿只要購買了任何資產或證券，就是「投資」；或只要涉足了金融市場，就能被稱為「投資者」。事實上，絕大多數的投資行為，很可能只是在做投機；而絕大多數的投資者，也很可能只是投機客！

幾年前，我注意到國內讀者對財經常識的普遍缺乏，使我有了撰寫一本財經科普書的衝動，這也就是本書的緣起。時間一晃，本書業已出版 4、5 年了，其升級版也出版了 2 年多。

出版上市的這幾年，這本書得到了市場的認可，進入了暢銷甚至長銷之列，特別是電子書長期位居亞馬遜、多看電子書 TOP10，說明了讀者對財經科普讀物的需求。許多的讀者評論則是「通俗易懂、娓娓道來」、「財經也可以成為床頭讀物」。為了讓更多的讀者獲益，我們結合這幾年全球財經的新變化，對升級版進行了再次修訂，並更新了案例，進一步解析，手把手教會讀者看懂財經新聞。

金融是個複雜的東西，各種財經資訊也似乎總讓人摸不著頭緒，希望這個升級版能讓你對財經有一個初步的了解，掌握一定的理財知識，具備基本的分析辨別能力。當然最後還是那句話，最好的投資就是你自己，積極、樸素的生活態度才是致富的「祕訣」。

前言

用四大原則解讀財經新聞，
取得賺錢門道

首先，在當今社會，除非你的生活能夠遠離金錢，否則不管你喜不喜歡，人人都需要關注財經新聞，不僅要關注國內的，更要關注國際的。因為這些年來地球越來越小，全球經濟已一體化，也就是我們生活在一個地球村裡，任何地方發生的財經事件，都可能間接或直接影響到你如何理財，或者說得更明白一點，直接關係到你的錢包大小。

然而，每天，甚至每時每刻，財經新聞都鋪天蓋地，究竟我們該關注哪一些呢？

記得剛到美國時，我留意到，那時中國國內播報的新聞，一般都是喜訊或好消息，而在美國電視所播報的新聞，尤其是新聞快報（Breaking News），不是殺人就是放火，不是搶銀行就是偷車，而財經新聞則不外乎是失業率又提高了，或是股市又下跌了。於是在大眾傳播學的課堂上，我忍不住請教了教授。他說：「狗咬人不是新聞，人咬狗才是新聞。現在處於和平年代，社會穩定是常態，這樣的新聞可以忽略不計，只有殺人、放火這類非常態事件，才會被當作新聞報導出來。新聞就是要報憂不報喜，因為喜本該是常態，不足掛齒。」所以美國有一句俗語：「沒有新聞就是好新聞（No news is good news.）！」

其實看財經新聞也一樣，大家應該要特別留意壞消息，「好消息」則根本不用去聽，因為「好」是常態、是應該的，例如：生產力提高、GDP 和平均每人所得都提高。在一個和平的社會中，達成這些是應該的。同時，任何事物都該一分為二，即使在「好消息」中，我們也必須學會從另一個角度看到其「壞」的一面。以此來推論，我們對於「壞消息」就更要做好充分的準備了。也就是「抱最好的希望，做最壞的準備」（Wishing for the best, preparing for the worst.）。多年來，美國人好日子過慣了，變得太樂觀了，他們「抱最好的打算，做『最好』的準備」。他們不懂何謂「積穀防饑」，更不明白什麼叫未雨綢繆，他們平時的積蓄最多只夠花 3 個月，也就是「中產階級離窮人只有 3 個月的距離」。因為銀行的房貸只要違約 3 個月，房子就將被投放到市場中去法拍。於是金融危機一來，有幾百萬「樂觀的美國人」失去了家園，給我們上了一堂具體生動的課。

那麼，我們如何來讀懂財經新聞呢？

如前所述，美國的新聞，特別是新聞快報中不是殺人就是放火。剛進華爾街時，我的直屬上司被法院隨機挑中，當選為一起殺人案的陪審團候選人（在美國，每一位公民都有做陪審員的責任，一旦被挑選就必須去，可能十天半月不能上班，但公司不能扣薪資）。沒想到隔了一天，他就回來上班了，說是沒有被選上。因為那個嫌疑犯是西班牙血統的南美人，而我的直屬上司也是西班牙裔，需要「避嫌」。按照現在流行的說法，就是「屁股決定大腦，立場決定觀點」。

我的直屬上司落選了，閒聊時問起陪審團的篩選過程才知道，挑選陪審團人選，一般來說有兩類人是選不上的：一類是高學歷的「菁英人才」，包括博士、專家和教授；另一類尤其重要，他們不能和嫌犯扯上任何關係。舉例來說，假如嫌疑犯是古巴人，那麼古巴人（甚至古巴裔）就選不上了，唯恐陪審團成員嘴下留情；如果嫌疑犯是伊

拉克人，那麼伊朗人也選不上，生怕你會借機公報私仇。

　　第二類人選不上可以理解，但為何高學歷的菁英也不能當選陪審員呢？這就是英國制定的普通法（Common law）的基本原則，陪審員只要有常識（Common sense）即可。這是多麼合情合理的原則啊！因為專家、學者和教授的大腦太複雜了，研究的問題太艱深了，往往反倒失去了常識。舉例來說，在中國的法律中，蓄意殺人就該償命，這是文盲都知道的常識。那麼現在要問：故意殺人犯該不該判死刑？只要被問及的不是殺人犯的母親，通常應該都會回答：「該殺！」絕對不會說什麼因為狂熱式犯罪可以獲輕刑；也絕對不會為殺人犯去求情；更何況還要分析殺人犯為何會成為魔鬼？他為何超越了倫理底線？如此簡單的一個問題，至於這麼複雜嗎？殺人償命，就是那麼簡單。

　　其實讀懂財經新聞和甄選陪審團的道理是一樣的，**第一：用常識去判斷，第二：對新聞中發表觀點的人做一些背景調查，看看此人是否有「利益衝突」（Conflict of interest）來加以判斷，該正聽，還是反聽，抑或根本就不能聽。**這裡可以借用巴菲特的名言：「幾乎在任何領域，專業人員取得的成就明顯高於門外漢，但在金錢的管理上往往並非如此。」

　　現在，主流對於財經金融的分析似乎已經失去了常識，而我在所有文章裡都有一個「核心」，就是化繁為簡、返璞歸真，回歸常識。如果非要提高到經濟理論上來說，也應該回歸到傳統經濟學。這些年來，好多金融專業人員失去了常識，已經被自己設計的遊戲規則弄得暈頭轉向了，金融危機一個接一個。傷及的絕大多數是普通人。

　　那麼普通人要怎樣投資，才能確保自己的財富不受侵蝕？要說明這個問題，**首先必須弄清楚投資和投機的區別。**只要明白了投資和投機的區別，閱讀財經新聞的時候，也就不會那麼容易去跟風操作了。

舉例來說，我們常常會聽到周圍有人傳言，某某人前幾年買了一套房子，這些年漲了好幾倍；某某人炒股半年買了套豪宅；某某人前些年購入的黃金，這 2 年又漲了 2 倍。真羨慕啊！那就趕緊跟著上吧？且慢！當你明白只能靠價差賺錢（如低買高賣，或高賣低買）均屬於投機的話，你就不會跌入「從眾效應」中。因為投機市場是十個人進去，一個人賺，二人打平，七個人虧（二八法則在金錢上成為一二七定律，編按：二八法則指的是，社會上 80% 的財富多集中在 20% 的人身上）。正因為前面炒作有人大賺，假如輕易的盲從人云亦云，就將陷入騙局導致投資失敗，成為最後的傻瓜！

　　那麼投資和投機的區別究竟是什麼呢？其實很簡單，投資的收益是來自投資產品所產生的財富；而投機的收益，是來自於另一個投機者的虧損。換句話來說，投機是一種零和遊戲（不計算交易成本和稅收，虧損的錢和賺取的錢之和為零）。

　　假設你買入一個金融產品後，不管是股票還是債券，抑或是房子，只要是希望報酬來自於買賣時的不同價位（做多時先低買、後高賣；做空時先高賣、後低買），就屬於投機；而如果你是指望這個產品能不停的產生收入（例如：上市公司生產出來的財富），比如股票的利息分紅（歐美股市中絕大多數股票都有分紅）、債券的定期票息（Coupon）或房租收入等，這些就是投資，不屬於零和遊戲的範圍。但是在中國，股市中的股票基本上都不分紅（編按：中國股市多以分配股票股利取代現金股息），那麼在中國進入股市，基本上都屬於投機操作，一種零和遊戲而已，不過是這個炒股者的報酬來自於另一個炒股者的虧損，也就是低買高賣，屬於最典型的市場投機。

　　再例如人們喜愛的黃金，由於黃金在工業上已有替代品，所以黃金本身不再能產生財富，因此買賣黃金也純屬投機；另外，所有衍生性金融商品也都不會產生財富，是典型的零和遊戲，因此投入衍生性

金融商品，自然也是投機行為。

弄懂了投資和投機的區別，讀者就可以自己分析了。如中國國內最熱衷的買房行為，如果是希望得到穩定的租金收入，就屬於投資。假如買房僅是期望低買高賣，那就是投機了。特別要注意的是，投資和投機（英文分別是 Investment 和 Speculation）在金融領域，並無褒貶之分，只是報酬的來源不同而已。投機不會創造財富，只是財富的再分配，並不會擴大市場的蛋糕；只有投資才能創造社會財富。

總之，**只有能創造新的財富的行為才是投資，投機只是財富再分配而已**。

然而為何在我的文章裡，要反覆規勸一般人盡量多投資、少投機呢？因為投機是零和遊戲，有人贏了，就一定有人輸。就如同進入賭場，一人賺，二人打平，七人虧，輸的多半是散戶。為什麼呢？由於市場訊息極其不對稱，一般人往往是最後得知好消息（或者是壞消息）的群體。當你聽到有人發財的新聞時，就更不能輕易進場了。因為你多半就會成為那七人中的一個，你所虧損的錢，正好進入了前面那個人的錢包！當然投資也有可能虧損，但是相對於投機來說，可控度比較大。例如在歐美就有一種抗通膨的債券，其報酬率一定能超過通膨率，買入這種債券帶來的息票報酬是可以預期的，並能抵禦通貨膨脹。

自從有了網路之後，經常能看到對市場（例如：房市、股市、金市）的看多交易者和看空交易者，大家隔空互掐，好不熱鬧。其實，任何一項交易都是由看多交易者和看空交易者合作完成的。買方是看多交易者，賣家就是看空交易者，兩方缺一不可，一個願打一個願挨，吵吵鬧鬧如同歡喜冤家。所以，看多交易者和看空交易者大可不必傷了感情，應該相互感謝才是，一個健康的市場需要投資者和投機者同時並存，否則這個遊戲就玩不起來了。

假如一個市場中全是看多交易者（只有買家沒有賣家），或者又都是看空交易者（只有賣家沒有買家），那還能形成市場嗎？看多交易者因為看空交易者的存在，所以買到了他所想要價格。與此同時，看空交易者因為看多交易者的存在，才能使得做空成為可能。至於看多交易者和看空交易者誰能看準市場，那就更沒有必要相爭了。千金難買早知道，市場若有效，那每一派的勝算都只有50%。因為在一個市場中，當看多交易者多於看空交易者時，市場向上；當看空交易者多於看多交易者時，市場則向下，如此不斷循環，就好似月圓月缺潮起潮落。而金融大鱷（編按：掌控巨額資金、具有強大實力，得以在金融市場操控大局的人）之所以成為大鱷，就在於他們能夠巧妙的利用媒體控制輿論，自己要做多時就看空市場，反之，自己要做空時就看多市場，以此來欺騙資訊不對稱的廣大散戶。這就是為何散戶會傻乎乎的被看多者（或看空者）任意宰割。

所以我一般不對投機市場做預測，因為黃金和其他許多大宗商品一樣，早就成了華爾街戲弄大眾的利器了。對於華爾街來說，最好就是漲漲跌跌、跌跌漲漲，他們看空做多、看多做空，從中獲得巨大的利潤。猶如桌上有半杯水，樂觀的人看多，他們會說：「不是還有半杯水嗎？」而悲觀的人看空，他們會感嘆：「啊呀，就只剩半杯水了。」當看多交易者和看空交易者達到平衡時，價格一般是合理的。合理的價位，反映出來的就是真正的供需關係。一旦失去了平衡，供需關係被扭曲，價格也會隨之被扭曲。

所以對於一般人來說，我要再次強調，多做投資、少做投機（包括早就不屬於投資產品的黃金），除非你有過人的第六感，否則小賭怡情，玩玩即可。

現在大家要問了，那麼什麼是最好的投資呢？

這裡先說個小故事。我有個朋友10年前存了人民幣5萬，他沒

有以人民幣5萬做為買房的頭期款，也沒有用來買股票，而是看到一則新聞，表示未來對同步口譯的需求將大增。他用供需關係一分析，相信同步口譯未來能夠賺大錢。於是，我那位朋友就把人民幣5萬花在進一步學習外語和練習同步口譯上。剛開始，周圍的朋友都笑他傻，但現在他成了人們羨慕的對象。現在中國同步口譯的價碼高達每小時250美元！這是一筆何等划算的投資啊！而且大腦裡的知識是任何人都無法剝奪的。

從上述例子可以看出，一旦明白了投資和投機的區別，就知道該將金錢投向哪裡。對於一般人來說，最好的投資莫過於投向自己的大腦，它能為你帶來源源不斷的報酬。這也是為何我反覆勸說人們要少投機、多投資。因為投資不僅可以給自己，同時也能給社會創造真正的財富。反之，財富隨時隨地都有被剝奪的可能。

美國開國元勛湯瑪斯·傑弗遜（Thomas Jefferson）說：「如果美國人民允許私人銀行控制貨幣的發行，那麼銀行和那些將要依靠著銀行成長起來的公司，就會先用通貨膨脹，接著用通貨緊縮……來剝奪人民所有的財產，直到他們的孩子夢醒時發現，他們在父輩們征服過的大陸上已無家可歸。」

比如聯準會（美國聯邦準備理事會）這個代表著私營信貸的壟斷銀行，就具備了製造繁榮與蕭條的能力：聯準會做為美國的央行，可以隨意發行貨幣（導致通貨膨脹），也可以採取緊縮貨幣政策（導致通貨緊縮）。它也可以隨時更改銀行準備金的標準或者貼現率。它還能決定整個國家的銀行利率。

因此，在金融危機最嚴重的2009年，聯準會的利潤也創下了前所未有的573億美元的歷史新高。事實上，通膨和通縮是一枚硬幣的兩個面，缺一不可，必須連續使用才能達到掠奪的最大效果。僅靠通貨膨脹，富人自身的財產也同步在縮水，而且縮水幅度比窮人還要

多，但這只能達到掠奪財富的半步，所以在通膨之後必然通縮，才能完成掠奪財富的目的。以日本為例，首先製造通貨膨脹，使人民以為錢將不值錢，於是紛紛買入資產（如：房地產、黃金或進入股市）以求保值；而隨著之後的通貨緊縮，使房價大跌、股市崩盤，20年一晃財富盡失，至今都無法「解套」。

看到這裡，一般人應該明白怎樣守護自己的財富了吧。

總而言之，想要看懂財經新聞，**首先**要特別關注「壞消息」；**其次**，看清楚是什麼樣的「專家」在說話，有的話要聽，有的話不能聽，有的話只能反著聽；**第三**，看財經新聞時要能分清什麼是投資、什麼是投機，盡量多投資、少投機，多學投資、避免投機；**最後**，回歸常識，第一個感覺不可靠，基本上就不可靠，聽上去太好的，一定是假的。

電影《功夫熊貓》中有句話說出了事實的真諦：「湯中的祕密佐料就是沒有祕密佐料。」從這句話所衍生出來的，也就是我要送給大家的一句話：「金融沒有祕訣，發財更沒有祕訣，投資自己，將自己變為最值錢的『東西』，財富自然會源源不斷而來。」

經常有人反覆問我什麼是最好的投資？我認為，按照目前中國的情況，他們可能是想問怎樣才能發財吧。那就再提幾個具體的建議吧：

首先，投資自己。讓自己的知識儲備、視野能夠匹配和駕馭更多的財富，這樣當財富增加到一定程度後，才不至於成為自己壓力、甚至忘乎所以。

其次，做自己喜歡的事情。將自己喜愛的事業放在其中，財富便會尾隨而來。當把自己喜愛的事業做好了，財富早晚如影隨形。

第三，從身邊認識的人吸取經驗教訓，也就是要加入一個好的社交圈。

總之，最佳投資為投資自己的大腦和健康——可以把自己當作一個公司來經營，把自己做強、做出特點、做出價值。而如果你真有特長、特別具有創意的話，現在是創業的機會成本最低的時代，通過創業來創造、並積累財富，比在金融市場中投資要可靠的多。

　　最後，從財富角度解讀曾國藩墓誌銘中的「信運氣」：「小財富靠勤勞、勤奮，而大財富很大程度上還有一部分運氣和機緣在裡面。」

　　閱讀這本書吧。看懂了財經新聞，將能左右你們的錢包大小……

第 1 章

財經新聞中的
金融市場

2016 年全球經濟總量 75.5 兆美元，而全球股票市場總市值是 64.8 兆美元，全球債券總市值 100 兆美元，衍生性金融商品規模 483 兆美元：金融市場規模幾乎是全球經濟總量的 8 倍。個人、企業、國家的命運，在金融槓桿之力下，經歷著劇烈變化。但與此形成強烈反差的是，民眾對於金融知識的了解卻遠遠不夠。

在本章中，將一邊介紹華爾街的各種發明和術語，一邊解答種種疑問。你將錢交到誰的手中、將被如何管理，誰將會站在你的陣營中，而誰又是你的對手，你是不是把本來打算投資的錢做成了投機，你真的了解你的投資商品嗎？你做好準備承擔投資／投機的風險了嗎？唯有釐清這些問題，財富才有可能如願增長。

世上沒有免費的午餐。投資需要基本常識加上勤奮和智慧，其次才是一點點的運氣。

1

了解金融市場遊戲規則

A股重演近千股跌停：滬指創近4年新低，創業板指跌逾6%

2018年10月11日 15:05 澎湃新聞

時隔僅4個月之後，A股（編按：人民幣普通股票，為在中國註冊、掛牌並以人民幣交易的公司股票）重現千股跌停。

10月11日，A股三大指數全線暴跌。其中，上證綜指（編按：上海證券交易所綜合股價指數）下跌142.38點，跌幅5.22%，收於2583.46點，創近4年新低；深證成指（編按：深圳證券交易所成分股價指數）下跌6.07%，收於7524.09點；創業板指下跌6.30%，收於1261.88。

當天的盤面上，各大板塊全線皆墨。滬深兩市近3500檔個股中，1056檔個股將近跌停（跌幅超過9.90%）；僅72檔個股紅盤。

A股上一次上演千股跌停，是在今年6月19日，端午假期後的首個交易日，A股市場重現近千股跌停，上證綜指盤中一度失守2900點整數關口，創2年來新低。

10 月 11 日的盤面上，無板塊領漲，僅西藏和人民幣貶值板塊部分個股略有表現，高爭民爆（002827）、西藏發展（000752）逆勢漲停。

　　科技股半日領跌；油服板塊掀跌停潮，石化機械、海油工程、傑瑞股份、中曼石油等近 10 股跌停；次新股亦全線殺跌，南京證券、新興裝備等超 10 股跌停。此外有色、軍工、汽車板塊均表現低迷。

　　個股方面，美國 FDA 對其原料藥及成品藥發進口禁令，華海藥業連續四日跌停；逾百億應收賬款或無法收回，華業資本近六日五跌停。

||||||||||||||||||||||

新聞解讀

　　以上是一則有關股市悲慘表現的新聞，其核心資訊是「A 股近千股跌停」。按照我們在前言裡看懂財經新聞的四大原則：一、特別關注壞消息；二、專家的話正確聽；三、分清投資和投機；四、回歸常識來判斷（核心原則）來分析這條新聞，相信你不會有太大疑問。

　　一、特別關注壞消息。這顯然是一則壞消息。記得我們說過，看到壞消息要特別留意，新聞究竟說了什麼，和我有什麼關係，我應該如何應對。對於沒有在中國股市投資的人來說，是不是就不需要關心了呢？當然不是！股市做為虛擬經濟的重要部分，和身在經濟體中的每一個人都相關。你能想像股市哀鴻遍野的同時，人民生活卻歡樂富裕的景象嗎？

　　二、專家的話正確聽。我們在前言提到，在一則由專家發言

的新聞裡，首先要看說話的人是誰，其次看接受採訪的專家是什麼身分背景，他的發言是否和他本身的職業存在利益衝突，他有沒有相關的投資，他的言論會不會對他的投資有所影響。這則新聞裡面沒有出現專家言論，可以跳過。

三、分清投資和投機。炒股究竟是投資還是投機？我們在前言裡對「投資」和「投機」做過分析，如果你是在合理價位以上買入股票，那你就進入了一場擊鼓傳花的投機遊戲，只有找到下一個接棒的投機客，你才能得到解放。

四、回歸常識來判斷。投資自然伴隨著風險，沒有誰能保證你的投資收益，因為未來無法預測。不對投資持有不切實際的期望，才能以正確的心態及時的對自己的投資做出調整，保證收益最大化（或虧損最小化）。

與本則新聞相關的財經知識

股市之所以頗具吸引力，是因為它能滿足人們的賭慾。走入股市，就如同走進一家麻將館。股市裡形形色色的人物，不過是麻將館中各個角色的「變身」而已。

首先，來這裡打麻將的人必須先向老闆繳納一筆「入會費」，成為會員後才可入場「廝殺」。這筆「入會費」，可以理解為上市公司IPO（編按：首次公開發行，initial public offering 的縮寫，也就是公司第一次透過證券市場發行股票、向公眾出售）。

其次，麻將館裡有許許多多牌桌，每個牌桌都由一個「攤主」負責打理，如洗牌發牌、端茶倒水。所以每打一輪麻將，客人還需向攤主支付一筆「服務費」。在股市中，這些「服務費」可理解為券商收取的交易傭金、政府課扣的稅金等各類交易成本。

另外，任何賭博都不可能是公平的博弈。這裡「莊家」遍布、「老千」橫行。那些自以為掌握「價值投資」真諦的新手，是他們最理想的獵物。

最後，就是大量充滿幻想的賭徒了。即使所有人都明白在這裡九死一生，也無法熄滅他們的熱情，因為每個人都認為自己是賭神、當炮灰的是別人。

麻將館老闆和攤主當然穩賺不賠。老闆一次性獲得的 IPO 會費就不提了。而攤主呢？只要麻將桌不空著，不論誰輸誰贏，錢都照收不誤。他們最關心的是「成交量」，也就是吸引更多的賭徒入場。要做到這點，最好的方法就是放大籌碼。一次輸贏 10% 顯然比輸贏 1% 來得刺激。對股市來說，就是要增加股票波動性。沒人會對一年只波動 1% 的股票感興趣。

莊家和老千能賺多少，要看他們「坐莊」或「出千」的水準。但相對那些老實的賭徒，他們就算不勝券在握，也至少十拿九穩。

莊家，或者老千，的確是十分微妙的角色。股民對莊家，可謂是愛恨交織。股市老手都知道：無莊不股。沒有莊家的股票，猶如一潭死水；可是莊家一旦「發起飆來」，散戶則只有被套牢的份。所謂莊家，說得「文雅」一點，就是傳說中的「主力」。這些人手中握有足夠數目的股票，足以操縱價格。很多上市公司僱有專業「操盤手」，其工作就是在關鍵時刻拉高或打壓公司股價。公司想要「吸籌」時，會先甩出大手賣盤打壓；而要增資或套現時，往往會把股價快速拉高。當然，如果你和莊家「心有靈犀」，在主力大舉行動前就看穿其意圖，便可將主力的一部分預期利潤納入自己囊中。但此境界非常人所能及也……

目前，操縱股價幾乎在任何國家都會被認定為非法，其主要原因在於它不可能不包含欺詐。在對手盤不明確，或上市公司沒有特別

消息的情況下，莊家要想拉升或打壓一檔股票是很難的。莊家的慣用手法，要麼是再開一個帳戶做為交易對手「相對委託」（編按：Matched Orders，一種非法控制價格的手段，也就是在同一時間、以同一價格、同一數量大量拋出和買入同一股票）；要麼是利用與上市公司的特殊關係，釋放虛假的利多或利空消息，引誘不明真相的散戶上鉤。雖然證券監管機關早已明令禁止這些行為，但卻屢禁不絕，原因其實在於「一個願打，一個願挨」。股民們太愛莊家了，以至於多數人患上了「斯德哥爾摩症候群」。魚並非不怕魚鉤，可美食的誘惑實在難以抵擋，且幾乎所有的魚都認為自己就是那既能吃到食物，又能逃過一劫的少數幸運兒。

在股市歷史上，不「出老千」、單靠「真本事」，就能做到穩定獲利的「厲害的人」寥寥無幾。大名鼎鼎的巴菲特，更是操縱股價的高手。他的一言一行，足以影響股價波動，而這點又讓他變得更加容易賺錢。自從荷蘭東印度公司發行首檔股票以來，股市莊家可謂「豪傑輩出」。不過他們最早的樂土，是 18 世紀北美那片剛剛獨立的土地。那時還沒有「證券交易所」的概念，所有交易都在場外進行。由於缺乏完善的規則，莊家和老千四處興風作浪。但正是在如此毫無監管的土壤上，股票交易反而發展得如火如荼。

▎ 知識點 1 股市史上最早的非法操縱者

據說股票交易史上最早的莊家和內線交易者，是一個名叫威廉‧杜爾（William Duer）的美國人。

1791 年底，市場上盛傳美國第一銀行要收購紐約銀行，並要將其變成美國第一銀行在紐約的分行，但該消息當時並未落實。當然，一旦有任何風吹草動，最先獲悉的人一定會是杜爾。

杜爾將其視為一生難得一次的投機機遇，而他個人廣袤的消息來源也吸引了其他富豪與他合作的意願。很快的，杜爾與紐約富豪亞歷山大・麥科姆（Alexander Macomb）達成了為期一年的合作協定，該協議規定由麥科姆出資對紐約銀行的股票進行投機，杜爾則憑藉其從財政部獲得的各種內幕消息，和他自身的投機天分分享利潤的 50%。杜爾用麥科姆的資金購入大量紐約銀行股票，以期在消息證實後大漲。

　　不過在銀行合併這件事上，即便是神通廣大的杜爾，也沒有十足把握。杜爾始終擔心一旦該消息落空，這筆錢就撈不到了。不過狡猾的他很快就想出了一個安全之策：「如果我能再找一個人合作，用他的錢反手做空紐約銀行股。不就相當於上了一個雙保險嗎？」

　　做空在當時是一項非常高端的交易技巧，大部分人根本不理解，他們想不明白為什麼股價下跌還能賺錢。不過做空也醞釀著巨大風險。一旦你看錯方向，股價不跌反漲，那麼當眾人歡呼雀躍的時候，就只有你自己「潸然淚下」了。

　　說做就做。杜爾在幫助麥科姆做多紐約銀行股的同時，自己卻偷偷摸摸的做空這支股票。他還說服紐約的李文斯頓家族和他一起加入到做空者的行列。儘管杜爾費盡口舌講解，李文斯頓一家人還是對「做空」這個概念一知半解。不過因為杜爾聲名遠揚，又是在政府工作的「線人」，他們對杜爾的判斷毫不懷疑。

　　杜爾所採用的這種「雙向策略」，現代金融稱之為「對沖」。杜爾大概也是股票史上最早採用「對沖」策略的人。

　　有人可能會納悶：「一頭買股票，另一頭做空。這算什麼策略？不管股價漲還是跌，我都是一頭賺、一頭賠。最後豈不是白忙活一場？」

　　杜爾不是傻子，當然不會做無用功。這裡的關鍵在於：杜爾是

在用別人的錢玩對沖，即我們現在常常說的 OPM（Other People's Money，編按：也就是用別人的錢來賺錢）。他的如意算盤是這麼打的：如果合併真的發生，那麼紐約銀行股會暴漲，賺來的錢我和麥科姆對半分，李文斯頓就讓他倒楣去吧，虧損由他們自己承擔；若合併落空、股價大跌，那麼我就和李文斯頓家族分蛋糕，麥科姆就自己認栽吧，我只跟你說分享 50% 利潤，沒跟你說過會承擔你 50% 虧損。「虧損全是別人的，賺了一部分歸自己」，這就是 OPM ——現代投資銀行屢屢賺錢的真諦。其實早在 200 年前杜爾就玩過了。這是一場風險與收益嚴重不對等的遊戲。

這本是一個天衣無縫的「無風險獲利法」，但結局頗有戲劇性。由於杜爾和麥科姆的合作在明處，而跟李文斯頓的合作在暗處，公眾只知道跟著杜爾買進紐約銀行股，於是股價越追越高，合併的消息還未傳來，股價早已暴漲數倍。「跟著杜爾，沒錯的！」市場大批投機者跟風，其規模之浩大遠遠超出了杜爾事先的想像。杜爾現在堅定的看多了，他還認為：相對於紐約銀行，其他銀行的股票處於「價值窪地」，更具投資價值。於是，他從很多私人那裡借來大筆資金買入其他銀行股。

不要忘記市場另一頭的可憐人。此時，做空紐約銀行股票的李文斯頓家族終於坐不住了，他們不可能坐視自己的利益遭受損失。杜爾錯就錯在低估了李文斯頓家族的實力，在老虎頭上拔毛，又要讓它輕易甘休可不是件容易事。為扭轉局勢，李文斯頓家族開始大量從銀行提取黃金和白銀，同時迫使銀行實行信貸緊縮。在這些舉措之下，銀行利率很快就飆升至日息 1% 以上。信貸緊縮使紐約銀行與其他各銀行的股價一瀉千里。杜爾雖然在紐約銀行股票上做了「對沖」，可是他還大量舉債做多了許多其他銀行股，這些股票下跌，唯有認賠的份。

禍不單行。與此同時，財政部的審計員發現杜爾還從財政部的帳戶上挪用了 23.8 萬美元的巨額資金。財政部正式起訴杜爾，要求追回這筆款項。時運急轉直下的杜爾並未絕望，還在做著垂死掙扎，他四處借錢，試圖補上這個大窟窿。然而，牆倒眾人推，此時誰會借錢給他呢？

很快的，杜爾就因挪用公款和欠債不還而銀鐺入獄。之後，市場恐慌情緒蔓延，股價一瀉千里，眾多的投機客在這一輪狂潮中輸掉了自己的最後一件襯衫。杜爾這位股市操縱者的鼻祖，在獄中度過了自己短暫的餘生。

現代經濟學假設人們生活在一個資訊完全的世界裡，且所有人行為理性。但眾所周知，真實世界並非如此，甚至恰恰相反。杜爾可算得上是真實世界中極少數既具有較完備資訊、行為又相對理性的人。他利用自己特殊的職務便利，獲得了比其他投機者更全面、更準確、更及時的各種消息，同時，他自己又具備豐富的投資和投機經驗，且對市場有很強的影響力。但即便如此，面對巨大的利益誘惑，他也無法做到完全的冷靜，貪念最終戰勝了理性。

如果讓杜爾總結教訓，他可能會說，人可以一事投機但不能事事投機，可以投機一時但不能投機一世。只是，人們總是好了傷疤忘了疼，或者是看著別人的傷疤自己不疼。別人的教訓未必會對自己產生作用。即便是自己付出慘重代價換來的教訓，時間長了，形勢變了，可能也會淡忘。面對人類這與生俱來的、並且將世代延續下去的非理性，唯一的對策就是建立完備的制度來約束人們的行為。

▌ 知識點 2 政府維持市場秩序的真實原因

1792 年杜爾投機的失敗，很快在北美股票市場掀起一次大恐慌。

要怪怪不了別人，只能怪這位莊家實在是太出名了，誰都在跟著他做。在那時，誰有管道獲取內線消息並進行交易，被認為是一種殊榮，完全就是合法的行為。現在「老大」蹲監獄去了，散戶們焉能不失去方向？杜爾入獄的消息一經傳開，股市便開始加速下跌。第二天，僅在紐約那片當時並不大的金融社區裡，就發生了 25 起破產案。金融市場一片狼藉。

　　一個杜爾的破產，就摧毀了整個市場，原因何在？紐約的股票經紀人們後來意識到，這與無序的場外交易有關。杜爾那個年代，美國沒有股票交易所，也沒有所謂的「證券從業資格認證」，任何人只要願意，都可以成為股票經紀人。這就帶來了兩個問題。

　　沒有交易所，沒有報價牌，股票價格完全由買賣雙方相互商定，這是場外交易的特色。但「討價還價」，也總得有個參考價吧？這個時候，普通的股票交易者往往會參考「權威」。杜爾買這支股票的時候出什麼價，那我們也就在這個價位上談。在場外交易中，「主力」起到了價格標竿的作用。當然，這也為其操縱股票價格大開方便之門。

▎知識點3 建立金融遊戲規則的歷史協議

　　股票經紀人其實發揮著兩個作用：一是做為交易「仲介」，找到股票的買家和賣家並撮合成交；二是提供市場訊息，最重要的是市價，買賣雙方需要知道一個「價格區間」。例如經紀人可能會告訴你，前一筆交易杜爾出了多少錢，所以你至少應該出多少錢；這個股票最近幾日的成交量、周轉率大概是多少？由於經紀人同時扮演著「仲介」和「看盤軟體」的雙重角色，為了撮合成交，他們存在著提供虛假消息的動機。當時美國股市並未建立起一套約束股票經紀人的

信用機制，導致「黃牛」氾濫，騙了上家騙下家。這些人本來就沒什麼聲譽，他們當然也不在乎名聲受損。

杜爾投機所引發的金融混亂，讓美國股市發展一度陷入停滯，民眾談股色變。市場急需一套能夠挽回人們信心的股市交易規則。1792 年 5 月 17 日，24 位股票經紀人在華爾街 68 號的一棵梧桐樹下簽署了著名的《梧桐樹協議》（The Buttonwood Agreement），約定所有股票交易都在他們 24 個人之間進行，且股票交易傭金不得低於0.25%。24 位經紀人全都具有良好的信譽，而且報價放在場內統一進行，再也沒人能夠在價格上欺騙散戶。

最初的場內交易是在位於華爾街和沃特街交界的唐提咖啡屋（Tontne Coffee House）進行的，這正是紐約證券交易所的前身。1817 年 3 月 8 日，交易者聯盟在《梧桐樹協議》的基礎上草擬出《紐約證券和交易管理處條例》。1863 年，紐約證券和交易管理處正式更名為「紐約證券交易所」。今天，這裡已經發展成為全世界最重要的股票交易中心。

《梧桐樹協議》被認為是美國金融業進行行業自律的開始，它開啟了美國證券史上市場自我監管的先河。這套監管系統完全是在市場「痛定思痛」後自發形成的，與政府沒有任何關係。自由市場的魅力，就在於它的自我審查機制。一個系統一旦發生無序與混亂，就會自動出現行業自律，否則該行業就會變得沒有人再敢介入，日漸式微，最後消亡。有人認為《梧桐樹協議》是在政府的指使下才推出的，其實恰恰相反，一個離不開政府監管的市場，是最沒有活力的，甚至無法長期存在。當兩個人之間的自由買賣必須通過政府批准才能進行的時候，交易成本會大幅增加。政府酷愛監管的根本原因並不是為了保護投資者，而是為了收稅。

知識點 4 被主力掌控的散戶投資心理

散戶既然知道股市是莊家的狩獵場，為何還趨之若鶩？按理說，「主力」以操縱手法賺走了散戶的錢，散戶們應該恨之入骨才對。究其緣由，想必多數股民都患有「斯德哥爾摩症候群」。

「斯德哥爾摩症候群」是一種心理疾病，最早發現於 1973 年，它是指犯罪的被害者對犯罪者產生情感，甚至反過來幫助犯罪者的一種情結。這個情感造成被害人對加害人產生好感、依賴心、甚至協助加害於他人。

散戶之於莊家，猶如人質之於綁匪。雖說自己是受害者，但卻鍾情於猜測主力意圖。有時運氣好的話，主力的確會略施小惠，散戶們則感動得痛哭流涕。而多數時候被主力洗劫，遭遇虧損時，則感嘆技不如人，還需再接再厲。

補充說明

散戶的股市生存法

人在暗處，我在明處。要想不上當，還真需要定力。戰勝莊家猶如虎口奪食，談何容易。但如果散戶們知道莊家有什麼、怕什麼，就算改變不了輸錢的結果，至少也能減輕自己的煩愁。

莊家擁有三大暗器：

● **消息先知**。莊家永遠掌握著上市公司資訊的先知權。當散戶得知同樣消息時，該消息已路人皆知，股價早

已反映。「利多消息」在很多情況下還是反面指標。如超乎預期的企業財報公布，股價不漲反跌。原因就是莊家比散戶率先一步知道了公司業績，已提前買入。待財報公之於眾，再借利多出貨。

- **散布虛假消息。** 莊家很清楚自己在市場上的地位。而僅僅是利用這種地位，就能輕鬆實現獲利。像杜爾那樣，莊家的一舉一動，都會引起散戶們的極大關注。如果市場盛傳某股莊家即將準備拉升，那麼該股很可能先漲後跌。主力散布這一消息的用意，是為了拉高股價出貨。這種狀況在小型股上更加常見。

- **騙線。** 「技術派」股民非常迷信各種指標，例如 KDJ，MACD 之類。什麼「黃金交叉」買入，「死亡交叉」賣出，W 底，M 頭等。可是莊家一旦控制了盤面，人為做出一些技術線型又有何難？對這些技術派散戶，主力想要出貨，就做一個 MACD「黃金交叉」；想要吸籌，就做一個 M 頭……散戶發現自己總是被玩弄於股掌之間。

莊家最怕的其實只有一件事：散戶永遠按兵不動。在一個合適的點位抱住股票，然後任憑莊家興風作浪，始終心如止水，雷打不動，那麼莊家就會感到莫名的孤寂，練就一身超凡的操盤本領卻苦無用武之地。

當然，選股非常重要。找一檔永遠不分紅的股票玩「明鏡止水」和價值投資，只能說是錢多得沒處燒了。

2

進入金融市場的兩種方式 ——投資與投機

新聞案例

2013 年 7 月，倫敦各大主流拍賣行見證了一場場藏家（編按：收藏家）大戰。一位神祕買家豪擲 1.2 億美元，在蘇富比拍賣行購得愛德華‧孟克的《吶喊》，掀起了不小的輿論風潮。在國內，2011 年 5 月 22 日，在嘉德春季拍賣會上，齊白石的一幅歷年所見尺寸最大的書畫作品《松柏高立圖‧篆書四言聯》以人民幣 4.255 億元成交，創造了中國近現代書畫拍賣的新紀錄。

2017 年全年純藝術品拍賣成交額達到 149 億美元。全球成交額較上年增長 20% 以上。中國保持全球藝術市場第一位置，成交額達到 51 億美元，占全球總額 34.2%。

||||||||||||||||||||||

新聞解讀

看懂財經新聞的四大原則：

一、**特別關注壞消息**。本則新聞沒有壞消息，新聞中顯現出市場對藝術品拍賣金額的增長。

二、**專家的話正確聽**。本則新聞沒有專家發言，只是闡述藝

術品拍賣的狀況與成交金額。

　　三、**分清投資和投機**。近 2 年來，各類拍賣會上的一些藝術品頻頻以出人意料的天價成交。很多人爭論，這到底是在做收藏投資還是在利用泡沫投機，投機和投資的區別究竟在哪？這是本章要關注的重點。

　　四、**回歸常識來判斷**。在這些高額成交的藝術品交易上，要想獲得報酬，只有在不想收藏再次拍賣時，有人出價超過原本支付的價錢，才能帶來了收益。

與本則新聞相關的財經知識

知識點 1 房產的投資與投機

　　中國人最鍾情買房子，那就先拿買房子來具體談談吧。

　　假如你花 100 萬買了一套公寓之後，再也不關心房價的漲跌，只是把公寓租出去，指望著租金給你帶來穩定的回報，這個行為就是投資。也就是說，你所投資的這一產品，能給你的未來帶來穩定、有保障的收益。如果出租的公寓每年收益為人民幣 6 萬元，扣去稅金和物業管理費人民幣 1 萬元，等於淨賺了人民幣 5 萬元，每年的投資報酬率就是 5%。但是，如果購買了這套公寓後，每年的租金收入只有人民幣 2 萬元，再扣去稅金和物業管理費，淨賺只有人民幣 1 萬元，那每年的投資報酬率就是 1%，比銀行定期的利息都低，那這顯然就是一個虧損的投資。而如果明明知道出租帶來的收益將比銀行的利息還要低，於是你並不期待租金回報，只希望房價能上漲，等賣出去賺得差價，那這樣的購房行為就是投機了。

從上面這個例子便可以清楚看出，同樣購買房子，可能是投資，也可能是投機。可用國際上通用的售租比來衡量：低於 160 才屬於投資（編按：售租比為房價除以月租金，目前台灣高達 500 至 600）。不過因為中國還沒有徵收房地產稅，所以這個比例可調高到 200。在中國超過 200 便屬於投機了。

順便提一下，投資房地產有一條原則非常重要，那就是真正增值的只是土地，而不是房子本身。也就是說，如果購買了房子後同時又擁有了土地，那麼從長遠來看，是一種投資；而如果你購買的只是房子的使用權，並沒有真正擁有土地，在這種情形下，即便你擁有了穩定的租金收入，從金融角度看，對不起，也只能視為投機行為。

▌知識點2 股市的投資與投機

再談談股票吧。

比如你買入一隻資深藍籌股（編按：績優股或權值股），像美國的電力公司，每個季度都分紅，多年來其股息分紅穩定在每年 5% 上下；如果對這檔股票的價格漲跌毫不關心，只在乎它能帶給你固定的股息分紅，那就是投資行為；而你買下一隻高科技股，這個公司還沒開始盈利，只可能有盈利的前景，你只是寄望於其股價上漲，能低買高賣而獲利，那顯然就是投機行為了。

對於股市的投入，也很容易區分投資和投機。例如，在 2007 年上半年，那時固定收益的債券收益率一般在 6% 到 8%，而同期的股票分紅率只有 2% 到 4%，如果你買固定收益債券就叫投資，而買股票就叫投機。因為按市場規律，這時股市應該下跌了。實際上，那時如果你那樣做了，在這次剛過去的金融海嘯中則會毫髮無損。同理，在 2009 年年初，股票的普遍分紅率升至 7% 到 9%，而因為超低利率

的關係，固定收益債券跌至 1% 到 3%，這個時候，你如果購買股票，那就叫投資，而買債券反倒成了投機了。

據我所知，中國股市風雲 20 多年間，流通股（散戶所持有的）幾乎沒有什麼真正的分紅，這樣的股市鼓勵散戶做快進快出的投機者。因為在這樣的「遊戲」裡，就像打麻將一般，甲賺到的錢，必然是乙輸掉的錢，並非是來自上市公司的利潤分紅。因此，股市每次猛漲之後就必然慘跌。更由於資訊不對稱，持股的成本不同，賺錢的往往都是機構和大戶，散戶基本上就只能「十個炒股九個虧，一個勉強打平手」。

知識點 3 藝術與收藏品的投資與投機

再舉個例子。前兩年，普洱茶收藏非常熱火，僅珠江三角洲就有近 20 萬收藏者，各款不同的普洱茶珍藏版層出不窮，據說老茶餅動輒拍出人民幣數萬乃至數十萬元。由此又聯想到東南亞富人愛收藏的法國紅酒——拉菲‧羅斯柴爾德（Chateau Lafite Rothschild）。

有人說拉菲紅酒既能當極品來品嘗，又可以當做最安全和利潤最高的投資產品，真的如此嗎？那麼，不妨讓我們來認識一下拉菲這一高級紅酒的來歷。拉菲（Lafite）的名字是來自加斯科術語，有小山丘（La Hit）的意思。拉菲紅酒產自法國梅多克（Medoc）最大的葡萄園，種植面積超過 100 公頃，每年約產 35000 箱紅酒，其中 15000 至 25000 箱為一級葡萄酒，是由 30 年之久但不超過 80 年的葡萄藤所結的葡萄釀造，其餘為二級葡萄酒——佳德士拉菲（Carruades de Lafite）。

拉菲紅酒歷史悠久，最初由西谷（Jacques de Segur）家族種植於 1680 年，發展到 18 世紀初獲得了「國王之葡萄酒」的美譽。在美國

第三任總統傑弗遜的檔案裡，揭露了傑弗遜經常為喬治‧華盛頓購買拉菲紅酒，歷來價格不菲。當年傑弗遜擁有產於 1787 年的拉菲紅酒，被創紀錄的拍賣到一瓶 156,000 美元的高價。

隨著法國大革命的到來，西谷家族的財產在 1794 年 7 月被充公，從而結束了對拉菲酒莊的擁有權。然而 3 年後，拉菲酒莊卻被荷蘭財團買走了。之後幾經易手，到了 1868 年，酒莊被詹姆斯‧羅斯柴爾德男爵以 440 萬法郎購得，男爵便在拉菲後面冠以家族之姓——羅斯柴爾德。

跨越了悠悠歲月，20 世紀最頂級的拉菲酒年份，分別是 1945、1959、1961、1982、1985、1990、1995、1996、1998、2000、2003 和 2005 年。如果現在想買一瓶 1945 年的拉菲酒，需花費約 4,600 美元，1982 年的就需花費 5,000 美元，而 1990 年的就只需 941 美元。

拉菲紅酒自 2008 年投放市場的 6 個月裡，酒價在全球被推高了 125%。不過，中國富人購買拉菲紅酒大多不做收藏，因為收藏一級紅酒的過程相當複雜，牽涉到不同的季節，不同的溫度、濕度和放酒的角度等，需要專業人士管理。中國富人喜愛高級紅酒，主要出於商業運作的需要，商業夥伴間一杯昂貴的好酒下肚，就什麼都好說了。

然而，假如極品紅酒的收藏工藝不那麼複雜，購買紅酒做為投資的中國人一定大有人在。想想看，一瓶 1787 年的拉菲紅酒，能被拍到 156,000 美元的高價，誰能大膽的說它不是增值的投資產品？但是別忘了，拉菲紅酒本身不會帶來固定收益，只有等到下一個買家接手才會實現增值。

不信看看 2007 年時一度天價的紅木家具。在「中國—東盟博覽會」上，曾經展出過一套價格為人民幣 8,000 萬元的紅木家具，可最近同樣在「中國—東盟博覽會」的會場，同樣的家具標價跌至人民幣 19 萬元。沒有買家願意支付 8,000 萬元它就不再值 8,000 萬元，它值

多少在於下一個買家願意支付多少。

另外，像古玩、名畫、鑽石和郵票這類商品也一樣，本身不會帶來任何固定收益，要想獲取收益就只能期望以更高的價格賣出，全都符合投機的基本定義。為什麼我們反覆說多投資、少投機，甚至不投機才是最佳的理財之道呢？從上面各例中可以清楚的看到，投資注重收入，是可控的；而投機是不可控的，它和賭徒的行為本質是一樣的。由於資訊極其不對稱，就像賭徒總是輸給賭場那樣，散戶多半要輸給莊家的。

這些道理說起來很簡單，但真正做起來就非常不容易。因為從眾心理作祟，人們多半喜歡追高殺低。所以一般大眾投機的多，真正投資的人卻很少。這也就是普通散戶為何贏少輸多的真正原因！

不妨再回到上面那個紅酒的例子，其實投資和投機的區別已一目了然。那位拍走了傑弗遜總統收藏的拉菲紅酒的有錢人，只有在不想收藏再次拍賣時，有人肯出超過他支付的價錢，才算帶來了收益，屬於低買高賣的投機行為。而羅斯柴爾德家族當年花費 440 萬法郎購得的拉菲酒莊，每年產出 35000 箱紅酒，以高額的價格向全球出售，其收益是投資產生的財富，毫無疑問，當屬於最有眼光的投資了。

3

金融市場的賺錢方法
——槓桿

新聞案例

我國經濟變局中仍將行穩致遠

經濟參考報 2019 年 01 月 02 日

2018 年以來，全球經濟總體延續復甦態勢，但動能放緩。展望 2019 年，鑒於貿易保護主義繼續抬頭、全球流動性漸次趨緊、潛在的新興市場貨幣危機以及地緣衝突等風險因素，全球經濟大概率（編按：高機率）弱勢增長。對於中國而言，內憂外患之下，我國經濟下行壓力仍存，預計 2019 年我國 GDP 增速將回落，但是，政策空間和市場韌性仍將助力我國經濟行穩致遠。

回看 2018 年，我國經濟運行穩中有變、變中有憂，外部環境複雜嚴峻，經濟面臨下行壓力。一方面，資料顯示，2018 年第三季度 GDP 當季同比（編按：與同期相比）增長 6.5%，是 2008 年金融危機以來的次低水準；2018 年 12 月我國製造業 PMI 降至 49.4%，觸及 2016 年 3 月以來新低並首度跌至榮枯線下方。另一方面，我國經濟仍穩定運行在合理區間，消費基礎性作用進一步增強，經濟結構不斷優化，新經濟引擎作用更強。資料顯示，截至 2018 年第三季度，最終消費對經濟增長的貢獻率走高

至 78%；2018 年 4 月以來，我國製造業投資增速已經連續 8 個月反彈；2018 年前 11 個月，我國高技術製造業和裝備製造業增加值同比分別快於規模以上工業企業 5.5 個和 2 個百分點。

中央經濟工作會議指出，當前經濟運行的問題是前進中的問題，既有短期的也有長期的，既有週期性的也有結構性的。簡單來看，就是既有保護主義、單邊主義、民粹主義明顯抬頭所帶來的外部擾動，又有調結構、轉動能、防風險、去槓桿所致的內部約束。因此，貿易衝突之外，2019 年我國經濟運行尚有兩大制約。

||||||||||||||||||||||||||

新聞解讀

看懂財經新聞的四大原則：

一、**特別關注壞消息**。本則新聞當中的壞消息，在於預期中國 2019 年的 GDP 增速將減緩，因為目前 2018 年第三季度 GDP 成長是 2008 年金融危機以來的次低水準；2018 年 12 月製造業 PMI（採購經理人指數）降至 49.4%，觸及 2016 年 3 月以來的新低。

二、**專家的話正確聽**。中央經濟工作會議來自於政府機構，其指出造成目前經濟現況的問題，除了有外在的擾動與貿易衝突外，也有各種內部政策約束。這次中央經濟工作會議提了「去槓桿」，並且決策層連續 4 年都將去槓桿做為經濟治理的頭等任務之一，那麼做為普通投資者、消費者，應該就要對金融槓桿有足夠的認識。

三、**分清投資和投機**。金融槓桿本身就是一種投機。

四、回歸常識來判斷。在經濟領域，槓桿就是指小資金撬動大項目，但槓桿同時會帶來風險，不可不慎。

與本則新聞相關的財經知識

一直以來，我在閱讀所有金融書籍的時候，時刻提醒自己金融的背後其實就是三個詞：信用、風險控管和槓桿。有信用才能玩金融，用槓桿才能夠做大，而只有風險控管到位，才能避免崩盤，或至少拖延崩盤……

知識點 1 以小搏大的槓桿力量

2018 年 3 月 13 日，中國國務院向全國人大提請審議《國務院機構改革方案》。在金融監管體制改革領域，將銀監會、保監會的職責整合，組建中國銀行保險監督管理委員會，做為國務院直屬事業單位。將銀監會和保監會擬定銀行業、保險業重要法律法規草案和審慎監管基本制度的職責劃入中國人民銀行，不再保留銀監會和保監會。延續了 15 年之久的一行三會格局被打破，中國金融體系監管框架正式進入銀保合併的「一行兩會」時代。

中國金融體系迎來新階段：貨幣政策中性化、去槓桿、資管新規、P2P 整頓、金融控股公司監管。與此同時，地方金融辦開始變身為「地方金融監管局」，標示著中央與地方金融監管的分工格局取得突破。

一晃眼，2008 年次貸危機已過去了 10 餘年。當時的華爾街第 5 大投資銀行貝爾斯登一朝覆亡，引發了全世界的金融災難。但無論是貝爾斯登滅亡，還是金融災難，都不能單憑 2008 年 3 月的事件來解

釋。實際上，貝爾斯登的問題深藏在獨特的企業文化中，而這文化是幾 10 年來形成的，其核心就是槓桿。

槓桿的本意就是以小博大、四兩撥千斤，所以在經濟領域，槓桿就是指小資金撬動大項目。而經濟去槓桿，簡單說就是消除這些以小博大的資金，表現為降低企業負債率、減少金融產品層層剝削、減少違規信貸等。金融槓桿可以把報酬放大，同樣也可以把虧損放大。而去槓桿就是減少金融槓桿，就像戒毒癮一般，極其痛苦。從國際經驗來看，槓桿率變動是一個長週期變數，一般去槓桿需要 10 年左右的時間。

中國召開的中央經濟工作會議提出：要堅持結構性去槓桿的基本思路，防範金融市場異常波動和共振。

我注意到，這已是中央經濟工作會議連續第 4 年提到「去槓桿」。2015 年中央經濟工作會議提出：在適度擴大總需求的同時，去產能、去庫存、去槓桿、降成本、補短板。2016 年、2017 年中央經濟工作會議也提出了要繼續抓好「三去一降一補」。

經過這幾年的「忍痛割愛」，當前中國經濟總體槓桿水準有所下降，但不同領域槓桿水準不一。所以，這次中央經濟工作會議提了「結構性去槓桿」，首先是穩槓桿，然後再適當的去槓桿，使槓桿率達到一個比較合適的水準。

決策層連續 4 年都將去槓桿做為經濟治理的頭等任務之一，那麼做為普通投資者、消費者，我們對金融槓桿是否有足夠的認識呢？

▌知識點 2 運用槓桿需承擔風險

《紙牌屋：華爾街傲慢與悲慘的故事》（*House of Cards: A Tale of Hubris and Wretched Excess on Wall Street*）一書多次談到了華爾街

投資銀行的槓桿：「……投資銀行資產負債表上被允許的槓桿水準要遠遠高於商業銀行。例如，槓桿的測量標準之一，是資產和權益資本的比率；在投資銀行內部，一個季度的中間階段，往往會接近 50：1 的高比率。」

這個接近 50：1 的高比率是什麼概念？拿中國人最熱衷的買房子來對比，就等於買一套 1,000 萬的房子，只要 20 萬的首付即可。只要房價漲 10%（從 1,000 萬漲到 1,100 萬），就等於 500% 的利潤！

然而，一旦房價跌了 10% 的話（從 1,000 萬跌到 900 萬），非但之前的 20 萬血本無歸，還將欠下 80 萬（這裡的計算除去了銀行貸款的利息、手續費，買房的各種稅金、過戶費、律師費等）。

實際上，過去 20 多年來，正是以土地為基礎的房地產業為主的週期性信貸驅動，即高槓桿的高負債與高成長帶來了中國經濟的繁榮。

這樣的場景也曾在 1950 年代到 1980 年代的日本和韓國出現過，他們的共同點，就猶如次貸危機爆發之前的美國一樣，似乎只要房價不斷上漲，那麼所有直接、間接相關的資產的收益，也將迅猛增長，而負債規模即使再擴大，也不會引起足夠的警示。

當時，美國、日本和韓國的許多企業開發與房地產相關的衍生性金融商品，還被國際信用評等機構給予了很高的信用評等。比如，在次貸危機發生之前，信用違約互換（CDS，編按：信用衍生性金融工具，用來提供對債券及貸款的保險）、不動產抵押貸款證券（MBS，編按：將房貸證券化）、擔保債券憑證（CDO，編按：為金融資產證券化商品的擔保）等在證券化的過程中不斷被華麗包裝，這類新發行的證券竟能獲得 AAA 級的最高信用評等！

但是，正因為超高的槓桿率，產生了債務危機，而債務危機的本質就是對信用的透支，流動性風險一旦觸發，信用說崩就崩，正如

《紙牌屋：華爾街傲慢與悲慘的故事》所描寫的：「貝爾斯登早上還有 180 億美元餘額，晚上只剩下了 20 億美元……與此同時，避險基金客戶正在『著火的劇院』中彼此踐踏，拚命尋找出口，奪路而逃……」

如果說 10 年前貝爾斯登的故事，對國內投資者來說太過遙遠，那我們再舉個例子。還記得 2015 年的股災嗎？那次股災，最主要的原因之一，就是槓桿問題。即大量資金通過槓桿進入股市，造成股市瘋狂上漲，泡沫氾濫。面對此景，管理層被迫採取措施遏制槓桿炒股，打擊惡意炒作。隨著槓桿資金撤退，特別是轉道到股市的銀行資金全面撤離，導致股市快速下跌，最終形成恐慌性暴跌，釀成股災。

總之，金融槓桿是一把雙面刃，溫和、適度的槓桿可以提升經濟活力，而一旦使用過度，它就是一枚不定時炸彈！而對個人投資和消費而言，我一再強調慎用槓桿，尤其是在當下經濟形勢不好的時候，出來混，總是要還的。

4

金融市場中的
龐氏騙局

「爆雷潮」之後，P2P 行業將走向何方？

新華社 2018 年 07 月 06 日

今年 6 月以來，國內多家 P2P 平台接連「爆雷」。據網貸之家資料，6 月停業及問題平台數量為 80 家，其中問題平台 63 家，停業平台 17 家。

業內專家認為，此輪「爆雷潮」在業內早有相應預期。國內某知名互聯網（編按：網際網路）金融平台負責人告訴記者，去年年底有關部門發布的《關於做好 P2P 網路借貸風險專項整治整改驗收工作的通知》中明確提出，在今年 6 月末前完成 P2P 行業的合規性備案。但一些問題平台在對照相應整改方案後，自知在合規性上「無法達到預期目標」，因此選擇清盤退出。

平台自融、發放假標劣標、缺乏自主造血能力……在已經「觸雷」的平台中，幾乎都能找到相似原因。一些平台缺乏可靠的「發標項目」，就將投資者資金和自身關聯公司相匹配，讓投資者承擔經營投資「雙風險」；一些平台尚未建立自主信用審核體系，對於借款人還款能力把關不嚴，致使延期兌付情況嚴重；

一些平台借「0元購」概念大搞網路傳銷，長期將短期借款資金與長期投資資產錯配，甚至壘起「借新還舊」的龐氏騙局⋯⋯

||||||||||||||||||||||||

新聞解讀

看懂財經新聞的四大原則：

一、特別關注壞消息。這則新聞很明顯的是個壞消息，指出P2P網路借貸行業的的倒閉潮和背後的騙局成因。

二、專家的話正確聽。新聞中雖有業內專家的說法，但並未說明這個專家的身分。而另外某知名網路金融平台負責人的說法，也只能做為P2P業內人士的一種消息。

三、分清投資和投機。P2P網路貸款可以提高資金流動的效率，吸收民間閒散資金為企業發展所用。但想在金融機構的高度壟斷下存活，P2P只有在高利率下才具吸引力，但高利率也帶來了高風險，是投資還是投機還待操作方式定奪。

四、回歸常識來判斷。目前P2P平台的運作方式，就像是龐氏騙局的操作，並不建議進行相關投資。

與本則新聞相關的財經知識

2018年成為P2P大潰敗的一年（編按：P2P指的是中國民間網路借貸行業，而2018年的「爆雷」，指的是大量倒閉的風潮）。由於過去幾年的野蠻生長和「劣幣驅逐良幣」，P2P在監管壓力之下顯著退潮，爆雷、倒閉、跑路頻發。

「自從跟網貸大佬們學會了分散投資，雞蛋不要裝在一個籃子

裡，聰明的我把資金分散放到了十多個平台。結果，現在所有維權群裡都能看到我的身影。」這是當前 P2P 爆雷潮下的一則段子，卻真切的反映出了投資者的痛。

整個網路金融領域 2018 年「雷聲」隆隆：唐小僧、聯璧金融、牛板金、投融家、錢爸爸、銀票網、永利寶、愛投資、銀豆網……一大串平台都爆雷了。

國家互聯網金融風險分析技術平台資料顯示，截至 2018 年 6 月 30 日，中國在運營的 P2P 網貸平台共 2835 家，其中，2018 年上半年新增 36 家、消亡 721 家。從資料來看，2018 年上半年新增平台數量只有 2017 年下半年的 30%，但卻有 20% 的平台已經消亡，而且消亡名單還在不斷增加中。

那麼，P2P 還值得投資嗎？

早在 2014 年 P2P 剛盛行的時候，我就旗幟鮮明的撰文指出，金融創新是把「雙面刃」，網路金融必須納入有效監管。缺乏嚴格監管和追逐高報酬率，是 P2P 等網路金融存在高風險的隱憂所在。P2P 與其說是利用網路，倒不如說是鑽了監管規則的漏洞。如果對金融創新缺乏監管，就好比放虎歸山，將衍生一系列違約危機。

早在 1990 年代末期，美國就出現了以貝寶（PayPal）為代表的網路金融產品，但從貝寶 20 年的浮沉不難看出，網路金融在與傳統金融機構的博弈中，並沒有占到多大的優勢，包括在小額貸款、網上銀行領域、信用卡支付、以及個人理財等方面。因此，P2P 等網際網路金融平台想在中國銀行和金融機構的高度壟斷下存活，只有在高利率的前提之下才有吸引力。而利率飆升，實際上是推高了實體經濟的借貸成本，在中國正在走向利率市場化的今天，P2P 的輝煌還能持續多久？

當然，不可否認，P2P 網路貸款有其積極意義。從基礎面來說，

投資者有資金配置的需求，個人和企業有借款需求，現有的金融體系無法全部滿足，網路貸款有存在價值。如果能夠將其納入有效的監管之下，可能會提高資金流動的效率，吸收民間閒散資金為企業發展所用。

從監管層面來看，中國央行等監管機構也沒有一棍子打死，而是希望網路金融規範經營。央行明確表示，將再用 1 ～ 2 年時間完成網路金融風險專項整治。做為重點整治的業態，P2P 網路借貸和網路小額貸款領域存量風險化解清理，完成時間將延長至 2019 年 6 月。

我並不贊成大家參與高風險的 P2P 投資，但如果非要投資的話，就請謹守以下幾條原則：

首先，「雞蛋不放在同一個籃子裡」。目的是為了防止系統性風險，是讓你把資金分散配置在不同的大類資產中，比如分散投資在銀行存款、股票、債券、P2P、黃金、房地產等，而非全部投資在股市的不同個股，或者 P2P 的不同平台中。

其次，不要一味追求高收益，儘量選擇經營規範的平台。很多爆雷的平台都是以高返利或高利率為誘餌，致使投資人中招。就像銀保監會主席郭樹清提醒的，「10% 以上的收益就要準備損失全部本金」。這不是危言聳聽，因為大環境就是如此，銀行 5 年期定存利率也才 3% 左右，目前餘額寶的 7 日年化收益率也只有 3.6%。

第三，不要迷信上市系（編按：上市公司）、**國資系**（編按：國家資源）、**投資大佬的背書。**網路貸款行業發展至今，頭戴各種亮麗光環而倒塌的平台不在少數，過去的光環並不能保證未來一定安全可靠，更何況很多光環背後的真實情況如何、有沒有虛構或誇大成分，誰說得清？

第四，時刻注意平台的現金流。一旦平台出現投資淨現金流出，而且突然加大了創建借款和投資的力度，優惠活動不停且力度加大，

那麼很可能就是平台的最後一搏了，你一進去就可能成為最後的接棒者。

知識點 金融騙局的 7 大特徵

在中國，龐氏騙局也並非什麼新鮮事。從 1980 年代的「老鼠會」、到前幾年內蒙古的「萬里大造林」、瀋陽的「蟻力神」，都是這類騙局的實際運用。「龐氏騙局」一般都具備以下特徵：

- 風險和報酬不成比例。
- 拆東牆補西牆的資金騰挪。
- 投資策略不透明，一般都披著「高深」、「複雜」的外衣。
- 不受任何外部環境的影響，收益極高。
- 投資者呈金字塔結構。
- 其投資專案不產生財富，或產生極少、遠不足以支付投資報酬的財富。
- 必須要求不斷增加、擴大新進投資者規模。

還有多少龐氏騙局尚未被拆穿呢？那些不願對外公開具體投資策略、收益率遠高於市場的避險基金，是不是也在暗中神祕的經營著什麼呢？

現在，國際金融市場仍有不少與馬多夫的玩意兒「長得很像」、卻又享有盛譽的基金，例如，華爾街有位叫吉姆・西蒙斯的避險基金經理，被譽為「全世界最傑出的數學家、美國著名投資家和慈善家」。他所擁有的文藝復興公司（Renaissance Technologies Corp），近年來被媒體廣為宣傳報導。以下是一些和西蒙斯有關的數字：

1988 年以來，西蒙斯掌管的的大獎章（Medallion）避險基金年均報酬率高達 34%，這個數字較索羅斯等投資大師同期的年均報酬率

要高出 10 個百分點，較同期標準普爾 500 指數的年均報酬率則高出 20 多個百分點；從 2002 年底至 2005 年底，規模為 50 億美元的大獎章基金已經為投資者支付了 60 多億美元的報酬。即使在 2007 年次債危機爆發當年，該基金報酬都高達 85%。

西蒙斯也因此被譽為「最賺錢的基金經理」、「最聰明的億萬富翁」。不過他究竟是如何賺錢的，所有人都不得而知。西蒙斯是傑出的數學家，曾經和華裔科學家陳省身共同創立了著名的 Chern-Simons 定律（編按：數學幾何定律），也曾經獲得過全美數學界的最高榮譽。據說他的賺錢祕訣，就是運用數學建模的方法捕捉金融市場稍縱即逝的短線交易機會。這話聽起來非常耳熟，不是嗎？龐氏也曾經告訴民眾：「IRC 郵票套利是包賺不賠的生意。」全美頂尖的數學家不計其數，為何單有西蒙斯能運用數學手段，創造連巴菲特都自嘆不如的利潤，而且旱澇保收？數學，難道真的能預測出人的行為嗎？

避險基金行業一直擁有「黑箱作業」式的投資模式，可以不必向投資者揭露交易細節。而在一流的避險基金投資人之中，西蒙斯先生的那只箱子據說是「最黑的」。

就連最優秀的數量型避險基金經理，也無法弄清西蒙斯的模型究竟動用了哪些指標，「我們信任他，相信他能夠在股市的驚濤駭浪中遊刃有餘，因此也就不再去想電腦都會幹些什麼之類的問題。」一位大獎章基金的長期投資者說。當這位投資者開始描述西蒙斯的投資方法時，他坦承，自己完全是猜測的。

不過，每當有人暗示西蒙斯的基金缺乏透明度時，他總是會無可奈何的聳聳肩：「其實所有人都有一個黑箱，我們把他稱為大腦。」西蒙斯指出，公司的投資方法並不神祕，很多時候都是可以通過特定的方式來解決的。當然，他不得不補充說：「對我們來說，這其實不太神祕。」

誰知道呢？或許某一天，世界再次爆出一場更大規模的龐氏騙局，而眾人昔日仰慕的天才，一夜之間便為千夫所指。

　　龐氏永遠後繼有人。

5

換湯不換藥的
金融新商品

讓瘋狂的片酬回歸理性

人民日報 2018 年 08 月 23 日

近日，「天價片酬」再度成為輿論熱點。繼中宣部、文化和旅遊部、國家稅務總局、國家廣播電視總局、國家電影局等部門聯合印發《通知》，要求加強對影視行業天價片酬、「陰陽合同」、偷逃稅等問題的治理之後，愛奇藝等三家視頻網站聯合正午陽光等六大影視製作公司，共同發表了《關於抑制不合理片酬，抵制行業不正之風的聯合聲明》，首都廣播電視節目製作業協會、橫店影視產業協會、中國電影導演協會等行業組織也紛紛發表相關聲明，倡議加強行業自律、規範行業秩序，營造良好的影視文化創作氛圍。

過去幾年，不少影視明星的天價片酬、「陰陽合同」、偷稅漏稅等不良現象，受到社會各界的持續關注。上一輪引發輿論熱議的焦點，就是某電視劇兩名主演的片酬高達人民幣 1 億多元。影視明星的片酬達到電影、電視劇、電視綜藝、網路視聽節目等成本預算的三分之二以上，一度成為影視行業的潛規則。過高的

片酬，使得劇本、拍攝、製作等，本應是影視製作鏈條更重要環節的投入被大幅縮減，使得電影、電視劇、電視綜藝、網路視聽節目更為嚴重的依賴大牌影視明星和金融資本介入，進一步擠壓大量中小成本電影、電視劇、電視綜藝、網路視聽節目和三、四線及未成名演員的生存空間和話語權，導致文化娛樂工業生產要素供給的紊亂和失衡，折射出不平衡的供需關係，破壞了影視業可持續發展的健康肌體。

不僅如此，由於票房、收視率、點擊量還直接影響著影視製作公司、電視臺、視頻網站以及電影、電視劇、電視綜藝、網路視聽節目的廣告招商等經濟利益，天價片酬所帶來的「壓力傳導」，還會進一步引向票房、收視率、點擊量造假。近幾年這方面的教訓並不鮮見。而在電影領域，前些年不斷高漲的票房神話吸引了大量「熱錢」湧入，有的影片某種程度上成為金融衍生品，從前期籌備、拍攝到後期製作、宣發都可以被打造成金融產品進行融資、信貸。在極端情況下，影片甚至尚未面世就已經提前收回成本。而另一方面，相關版權和衍生品等領域還很不規範，全面有效的監管機制和權益保障體系也尚未建立起來，影視產品的過度金融化潛藏著巨大危機。

||||||||||||||||||||||

新聞解讀

看懂財經新聞的四大原則：

一、**特別關注壞消息**。新聞中有關財經的壞消息，在於影視產品過度金融化潛藏危機。

二、**專家的話正確聽**。本則新聞中的專家，主要針對影視行

業在片酬、投資的自主管理發表聲明，可能影響影視金融化的未來發展。

　　三、分清投資和投機。當影視產品變成衍生性金融商品，從前期籌備、拍攝到後期製作、宣發都可以被打造成金融產品進行融資、信貸的狀況下，是一種高風險的投資，一個操作不當也可能變為投機。所以了解衍生性金融商品是本章重要的目標。

　　四、回歸常識來判斷。金融創新的衍生性金融商品是華爾街的新把戲，普通散戶投資人因為容易對其不了解，而可能只有賠錢的份。

與本則新聞相關的財經知識

　　2011 年 6 月 1 日，雷曼兄弟控股公司公布了一項與交易對手針對尚未完成衍生性金融商品交易產品的廣泛和解協定。公司表示，和解協議一旦達成，將會說明雷曼兄弟公司加速了結這樁有史以來規模最大、最複雜的破產案。

　　有超過三十家金融機構對雷曼兄弟公司及其下屬部門，提出了220 億美元金融衍生品交易索賠請求。為說明消除部分索賠，在和解框架中，雷曼兄弟公司提議與十三家最大的衍生性金融商品交易對手達成相關協定。

知識點 1 避險基金其實更危險

　　什麼叫衍生性金融商品呢？衍生性金融商品是指其價值依賴於基礎資產價值變動的合約，如期貨、期權等。衍生性金融商品交易只要付一定比例的保證金，就可以進行全額交易，具有槓桿效應。保證金

越低，槓桿效應越大，風險也就越大。

華爾街有一種說法，富人買固定收益的產品，窮人才會去炒股，因為股票是高風險的東西，富人已經有足夠的錢，富人需要的是保值。其實不然，大家常聽聞的玩衍生性金融商品的避險基金，都是富人在投，但都是交給專業人士在操作。

和普通基金不一樣，避險基金最早的時候開戶最少要 100 萬美元。玩避險基金的基本上就是金融大戶，像索羅斯的老虎基金、量子基金，這些都是避險基金的代表。

金融大戶的勝算很大，因為它是在金字塔的塔尖，它總是先入市，想買什麼東西就會通過新聞媒體炒作，先把它唱衰。比如 2005 年，國外的避險基金已經看中了中國的房地產，他們經過分析以後覺得有一波漲勢，海內外媒體就開始唱衰中國房市。大量的避險基金就在這時進來了，包括摩根士丹利同時有三、四個避險基金，4、500 億元的錢進來。高盛也有幾個避險基金，也是大概 2、300 億元的金額，在中國圈地買房。等到中國房地產升到高位的時候，他們就撤出。據我所知，摩根士丹利兩個基金就賺了 1,300 多億的人民幣。

1980 年代起，美國政府逐漸放鬆金融監管，不僅放寬了對避險基金參與者的限制，也不斷降低避險基金的進入門檻，使避險基金獲得了完全的解放。避險基金玩的是衍生性金融商品，本質是由金融專才僅針對富有人群和專業機構私下募資的小眾金融產品。為達成持續絕對回報目標，其交易手段和資產配置無所不用其極。

富人投資這些避險基金，100 萬進去，很容易 2、300 萬就出來。避險基金是華爾街最可怕的東西，到處興風作浪。華爾街推銷的金融產品，越複雜的東西，聽上去越光怪陸離的東西，你越不要去玩，特別是那種衍生證券、期權期貨，離開它本品質越遠的東西越不要去玩，因為越遠的話槓桿越大，槓桿越大風險就越大。

華爾街是餓狼的叢林，自己功夫沒練好就貿然進入叢林，你就是等著被吞食的羊。

知識點2 衍生性金融商品是華爾街的把戲

華爾街為什麼要搞衍生性金融商品，金融創新的目的是什麼呢？

在華爾街內部，每次金融創新都會獲得最大的利潤，因此金融創新衍生化的趨勢越來越厲害。然而，一衍生化就有槓桿，一有槓桿就可以把泡沫吹大，吹大以後它就可以剪羊毛。次貸危機就是金融創新所闖的禍。就好似窮算命、富燒香，窮人炒股越炒越窮，富人玩衍生商品越玩越富。2003年曾說衍生性金融商品是「大規模金融殺傷性武器」的巴菲特，表面上堅決反對衍生性金融商品，一再警告大家要敬而遠之，可諷刺的是，隨後幾年他的波克夏·海瑟威公司卻成為了衍生性金融商品最大的玩家之一，公司天文數字的金錢全都下注在衍生證券上。

哪兒有賺錢的機會，哪兒就有華爾街的身影。廣受歡迎的《阿凡達》票房突破25億美元，投資卻只有4、5億美元，足足賺了5倍。華爾街看到電影票房是個很好的投賭產品，就又開始搞金融創新了，弄了個叫電影票房的期貨。美國商品期貨交易委員會（CFTC）都批准上市了，但其東家Cantor期貨交易所主動放棄，主要是迫於反對者美國電影協會（MPAA）對國會施加的壓力。

華爾街有一句名言：「不管是我外婆還是我奶奶，只要能夠打扮成一個18歲的漂亮大姑娘，我照樣可以把她賣了。這個就叫金融創新。只要有錢賺，什麼都可以『創新』。」

金融創新有利有弊。利的方面是能夠形成對沖以避險。弊的方面，是容易形成泡沫，擴大風險。你把滿臉皺紋的老奶奶打扮成一個

18 歲的大姑娘，然後推銷給全世界。大家買了以後，等她一卸妝，回到 80 歲的老奶奶，這就是泡沫的破滅。當 80 歲老奶奶顯現的時候，普通散戶的錢就沒了，全跑到投資銀行的袋子裡面了。所以，金融創新說白了，就是華爾街掠奪財富的工具。

大家知道，華爾街的獎金簡直高得沒法想像，金融創新就是一大「幫兇」。投資銀行高盛的 2、3 萬名員工，每年的獎金 1、200 億美元。麥當勞雖是全球前 50 大的公司，150 多萬員工每年稅後的利潤才不過 4、50 億美元。當然不是每個華爾街員工都能分到幾 10 萬美元，其中只有 1 至 2% 的人，每年的獎金可以達到幾百萬、幾千萬，甚至上億美元。華爾街本身不創造一分錢的財富，財富重新分配是華爾街最大的作用。

在金融危機中失業和破產的老百姓太多了。在美國，過去你跟別人說我是在華爾街工作的，人家會很崇拜你；現在一聽你在華爾街做事，人家可能要揍你。雷曼兄弟原來的 CEO，有一次進健身房，剛進去就挨了一拳頭。美國國際集團（AIG）那些高階主管們因為擔心生命安全，都請保鏢了。

其實，華爾街公司玩衍生性金融商品就是變相的「龐氏騙局」，大家把錢都給他，由他來做。賺的時候大家都分了，一旦沒有後續的錢進來，這個窟窿沒法填了，就破了。

以此類推，整個美國都在玩「龐氏騙局」。美國債務總額已接近 70 兆美元，單聯邦債務就超過了 22 兆美元，早就超過了美國的 GDP（2018 年 20 兆美元上下）！而希臘債務只不過是 GDP 的 80% 多都要宣布破產了，以此而論美國早該破產好幾回了。那美國為什麼還不破產，因為只要後面有錢進來，「龐氏騙局」就能玩下去。

美國有它國際的特殊地位，美元有它的特殊性，所以美國這個最大的「龐氏騙局」還沒有破。現在全球就像一艘鐵達尼號，美國在最

上面的頭等艙，是 VIP。鐵達尼號要是沉下去的話，美國將是最後一個被淹沒的。

知識點3 金融改革的局限性

金融危機後，美國政府通過了新的金融改革法案。當時，歐巴馬稱讚：「新法案意在加強對消費者的保護，使金融產品更透明，對投資產品加以嚴厲監管，並限制了投機性投資，是有史以來最強大的、對消費者的財務進行保護的法案。」

但仔細一看，在洋洋灑灑的新法案中，關鍵部分與原先的草案相比，大大削弱了改革的力度。比如對華爾街今後金融創新產品的監督，特別是對這次金融危機的根源——衍生性金融證券，基本沒限制。舉例來說，新法案對農業和航空業的衍生產品，以其交易能夠抵禦市場風險為由，完全不受任何監管。想想也是，衍生性金融商品是華爾街創高利的「命根子」，華爾街怎麼可能讓白宮閹割。

20多年前，我剛進華爾街在銀行家信託工作時，上司就告訴我，在這上班永遠是最興奮的，因為所做的項目永遠是全新的。也就是在那裡，我了解了什麼是衍生證券，明白了什麼是「掩護性買權（Covered call）和裸賣看空期權（Naked put）」，什麼是「利率上下限期權（Collar）和跨式交易（Straddle）」，還有「鐵鷹套利（Iron condor）、寬跨式交易（Strangle）、蝴蝶套利（Butterfly）」等。正是通過對證券這樣反串那樣對沖等實際操作手段，並以好聽的名稱包裝起來出售，華爾街賺到了豐厚的利潤。

漸漸的我感到迷茫，這樣包裝證券究竟有什麼用？除了給華爾街帶來利潤，它們能創造真正的財富嗎？一天我向老闆提出這個問題，他說：「問得好，不過這是個傻問題。不明白嗎？這樣包裝金融創新

產品，是為了能讓風險得到更有效的管理呀。」

這個回答很牽強，因為隨後而來的幾次大小金融海嘯，都恰恰是由衍生證券而起。華爾街投資銀行就是用各種創新的衍生證券，把風險漂亮的包裝了起來，變成美麗的罌粟，就像摻了三聚氰胺的奶粉；通過高槓桿率，使紙面上的利潤一時間可以倍增，高盛、摩根士丹利等華爾街投資銀行，藉此保持了難以想像的高利潤。可是一朝不慎，滿盤皆輸，有時玩失手了，反過來也使得美國國際集團、貝爾斯登、美林和雷曼兄弟遭遇滑鐵盧。

金融創新是如何幫助其發明者賺錢的？看一個實例，你就能明白。1990 年代初，摩根士丹利曾經發明了一款金融創新產品——PLUS（Peso Linked US Dollar Secured Notes），它是專為墨西哥國民銀行設計的新債券。從投資者的角度看，它以美元為面值，而且被標普評為 AA－級，似乎品質很好。但實際上新債券是墨西哥比索債券，它賭比索貶值不會超過 20%。為了逃避監管，摩根士丹利在百慕達逃稅天堂註冊了債券發行公司，向不同類別的投資人推銷 PLUS。結果，當 1994 年爆發墨西哥比索危機時，不明真相的投資者包括美林資產管理公司、美國家庭人壽保險公司、日本阪和公司及歐洲阿爾卑斯公司全都大虧特虧，因為比索兌美元在三個星期內貶值了 40%。當 PLUS 在市場上豪賭時，人們被高報酬和高信用級別蒙蔽了雙眼，等一覺醒來發現真相已為時已晚，再怒火填膺也於事無補。而摩根士丹利衍生證券部呢，自然在 PLUS 票據上狠狠掠劫了一票。

第 2 章

財經新聞中的
機構與專家

本章我們圍繞的話題是專家的話怎麼聽。閱讀本章的時候，請思考以下問題。

· 為什麼股神巴菲特一再警告大眾「衍生性金融商品是大規模毀傷性武器」，但他的波克夏·海瑟威公司卻是衍生商品最大的玩家之一？

· 為什麼高盛公司常常言行相悖，一邊唱多一邊做空？高盛對外發布研究報告和背後市場操作之間有著怎樣微妙的關係？

· 今天這個炒股專家讓你買某某股票，明天另一個市場高手教你如何發財，你到底該聽誰的？

· 把賺錢做為主要目的評等機構，到底有多少可信度？

· 為什麼市場上充斥著各種各樣的消息，為什麼有人熱衷於透露消息，他們是熱心助人在幫你共同致富嗎？

· 為什麼即使在經濟太平盛世、股市一片歡騰的時候，也總有幾個討厭的傢伙喜歡潑大家冷水，他們是故意討罵嗎？

1

神話背後的巴菲特

蘋果股價盤後暴跌 7%：巴菲特損失 28 億美元

新浪科技 2019 年 01 月 03 日

北京時間 1 月 3 日上午消息，由於蘋果股價在週三盤後交易中暴跌逾 7%，華倫‧巴菲特（Warren Buffett）旗下的波克夏‧海瑟威公司可能會在週四遭受大約 28 億美元的巨額損失。

根據 FactSet 的資料，波克夏‧海瑟威持有 2.525 億股蘋果股票，該股週三收盤價為每股 157.92 美元。截至當天收盤時，巴菲特的蘋果股票市值約為 398.7 億美元。

蘋果 CEO 提姆‧庫克（Tim Cook）在致投資者的一封信中宣布，由於 iPhone 營收不及預期等一系列因素，該公司將下調第一季度財報預期。隨後，蘋果股價在盤後交易中大幅下挫。

在蘋果發布聲明後，其股價在盤後交易中下跌約 7%，每股下跌約 10 美元。截至當地時間下午 5 點 20 分，這家科技巨頭的股票盤後交易價格接近 147 美元。

這一跌幅導致波克夏‧海瑟威持有的蘋果股票市值跌至 371 億美元左右，一夜之間可能出現 27.7 億美元的損失。

儘管巴菲特通常不喜歡科技股，但他還是在 2017 年 2 月首次宣布波克夏・海瑟威購買蘋果股票。蘋果股價比去年同期下跌了 15% 以上。但波克夏・海瑟威的其他主要持倉同樣表現不佳。

　　在金融領域，美國銀行占波克夏・海瑟威投資組合的 11%，該股較去年同期下跌 17%。富國銀行則下跌 23%。這兩家公司在波克夏・海瑟威的持倉中僅次於蘋果。

　　與此同時，占投資組合 1.9% 的摩根大通也同比下跌約 8%。第四大持倉可口可樂占投資組合的 10%，該股在過去 12 個月中上漲了 3%。而美國運通則下跌了 3%。

‖‖‖‖‖‖‖‖‖‖‖‖‖‖‖‖‖‖‖‖‖‖‖‖‖‖

新聞解讀

　　看懂財經新聞的四大原則：

　　一、特別關注壞消息。新聞中的壞消息為，蘋果股價暴跌逾 7%，巴菲特的波克夏・海瑟威公司可能遭受大約 28 億美元的巨額損失。

　　二、專家的話正確聽。眾所周知，巴菲特很少投資高科技、網路公司，之前，高科技大公司只投資了 IBM，後來放棄了，認賠退出。不過，近年來，他開始不斷投資蘋果，許多投資者以為好像這和巴菲特的投資理念相違背。其實不然。巴菲特之所以很少投資高科技、網路公司，只有一個原因，就是堅守他的投資原則：不懂不投資！

　　而投資蘋果，完全符合他的投資原則。例如，投資高效的公司，營運越簡單越好、擁有長期戰略、好業務超過好管理的公司，而蘋果目前兩者兼有，且巴菲特傾向投資美國公司。巴菲特

開始投資蘋果公司時，蘋果已經成熟了，巨大的成長潛力明顯可見。巴菲特買入並長期持有（Buy and hold），且不斷的加碼增持，太正常了。

三、**分清投資和投機**。巴菲特的投資理念其實非常清晰，就是多投資、少投機，並且「買入並長期持有」。

四、回歸常識來判斷。金融市場從來就沒有聖人，更沒有神仙。巴菲特或許具有平民出身、白手起家、節儉持家的事蹟，但在他市場上的成功，某部分還是來自於華爾街的把戲。

與本則新聞相關的財經知識

每年春天，在股神華倫‧巴菲特的旗艦公司波克夏‧海瑟威公司一年一度的股東大會上，都會擠滿幾萬名來自世界各地的忠實信徒。他們豎起耳朵渴望在股神的發言中捕捉到發財的真經。

巴菲特的盛名在 1990 年代初達到了登峰造極的境界，被認為是世界上最成功的投資者之一。人們將 1930 年出生在美國奧馬哈的巴菲特稱為「奧馬哈先知」，2008 年他超越當時的微軟公司總裁比爾‧蓋茲成為世界首富。巴菲特所堅持的價值投資理念被媒體廣為傳頌，無數散戶視他為偶像，對股神的一言一行頂禮膜拜。

巴菲特也曾是我的偶像。記得 1994 年畢業後，我正在華爾街找工作。一次面談接近尾聲的時候，面試官和我閒聊：「誰是你的偶像？」我脫口而出：「華倫‧巴菲特。」沒想到，這位未來的上司一臉訕笑，反問我：「你確定？」我斬釘截鐵的答道：「我肯定！」他看看我，詭異的笑著說：「但願吧。」

當時我並不明白那位上司的反應，在工作了數十年終於看清了華爾街的遊戲規則之後，我才徹底理解他當年對我回答的質疑。如果把

當下的華爾街比做江湖，巴菲特和索羅斯便是玩得最好的「武林大師」。一位好似道貌岸然、聲東擊西的「君子劍」岳不群，另一位則像極了一諾千金、指哪兒打哪兒的「採花大盜」田伯光。儘管兩者都武藝超群、手段高明，但風格卻截然不同。

這兩位大師就像資本江湖的「東邪西毒」。不過，在大眾眼裡，真性情的投機大戶索羅斯是「資本市場大壞蛋」，而慈眉善目的股神巴菲特則是具有道德準則的「謙謙君子」。

但是，這世上真的有股神嗎？巴菲特果真如此「正點」？

那中國散戶的 35 億美元是怎麼被掠走的？

巴菲特有一句名言：「我們喜好的持有期就是永遠（Our favorite holding period is forever.）。」換個大家熟悉的說法，也就是他那眾所周知的投資策略——「買入並長期持有」。

可巴菲特的言行並不一致，他出爾反爾、聲東擊西、指南打北，說的和做的完全不是一回事，可以說是「兵不厭詐」。

舉例來說。自 1957 年到 1969 年 12 年間，巴菲特管理著一支避險基金，他的個人資產從 10 萬美元增長到了 2,600 萬美元，這是他財富成倍增長最快的時期。那時他交易活躍，甚至還玩套利交易，與「買入並長期持有」毫不相干。或許有人會為他辯解，那是他的原始積累，賺第一桶金必須這樣。

然而縱觀巴菲特超過半個世紀的投資生涯，他真正長線並重倉持有的股票總共才七檔，絕對不超過他全部資金（最多時）的 20%，最低時甚至連 10% 都不到。更何況他還是那七家公司的大股東，可是說是擁有這幾家公司，而按監管規定，其所持股是不能隨便拋售的。因此，股神的「長期持有」不足為奇。

更諷刺的是，巴菲特一再警告衍生性金融商品是大規模殺傷性武器，他是堅決反對的。可事實上，他的波克夏·海瑟威公司是衍生商

品最大的玩家之一，目前依然持有 600 多億美元的衍生產品合約！

再看個和中國有關的例子。一貫堅稱「只買不拋」的股神，2003 年首次購得價值 5 億美元的中石油股票。消息一經公布，便有成千上萬的股神追隨者相繼跟進，他們緊攬中石油的股票死也不拋。資本江湖的弟子們太迷信投資大師的策略了，以為只要跟著「師傅」，自己的「武藝」一定精進，更以為只要握緊「股神」選中的股票，就等於吃了定心丸。

「股神」果然不負眾望，「苦苦守候」了 4 年，等他的「信徒」差不多都進場了，便在 2007 年 7 月悄悄拋售了最初買進的中石油股票。單單這一筆，「股神」就從中國散戶身上奪走 35 億美元。應該說，「股神」所賺的每一分錢，都來自中國股民的巨大虧損，真可謂「一將成名萬骨枯」！試問，「謙謙君子」岳不群，在得到《辟邪劍譜》（相當於巴菲特的「只買不賣」）的武林祕笈後，會與他的門徒分享嗎？

知識點 1 光環之下的內線交易

2011 年春，巴菲特的前得力助手索科爾（David Sokol）因涉嫌內線交易，令巴菲特也捲入內線交易的醜聞中。巴菲特和索科爾都將接受美國證券交易委員會（SEC）的傳訊和調查。

索科爾一直被外界視為巴菲特的準接班人。在巴菲特的波克夏公司 3 月 14 日以 90 億美元的價格購買路博潤公司之前，他就先買入其股票。粗略估算，索科爾每股盈利 30 美元，帳面上獲利近 300 萬美元。

我在華爾街做了很久全球金融市場的證券交易監控，深知這類內線交易只有初學者才會犯。其實，但凡在投資銀行做過的都知道，投

資銀行從業人員，甚至其家屬，他們所有的證券交易帳戶就只能在自己公司內部開設，而且時刻被監管部門所監控，更不能隨便交易與自己公司有業務或將有業務往來的公司證券，在買賣之前必須先向監管部門申報，在獲得了事先批准（preclearance）後才可交易股票，否則就是內線交易，輕則罰款被裁，重則坐牢。而索科爾事先曾向巴菲特主動報告了這些交易，可巴菲特卻對索科爾這樣低級的「內線交易」不以為然，力挺索科爾，其潛台詞是：「不必大驚小怪。」後來，巴菲特意識到這樣做不妥，於是態度一百八十度大轉彎，譴責起索科爾來了。

其實，好些金融大戶就是靠做內線交易才能賺那麼多。而巴菲特這條金融大戶，真的是金融市場最後的「聖人」嗎？回首 2008 年，美國財政部長鮑爾一通電話請求巴菲特出手救助高盛，講明政府會出手救美國國際集團（AIG）。當時救助雷曼只需 10 億美元，救高盛需要 50 億美元，他為何不救雷曼，救高盛？答案再明顯不過了，政府救活了美國國際集團，高盛自然就喘過了氣。這不是內線交易是什麼？這對普通投資者公平嗎？

也許你到處都能讀到巴菲特平民出身、白手起家、節儉持家的事蹟，但你知道他的父親曾是美國參議院議員和國會金融委員會成員嗎？你知道他曾在加拉古納海灘豪擲 400 萬美元買超豪華別墅嗎？你知道他在 1989 年購買價值 1,000 萬美元的私人飛機嗎？也許你認為花自己賺的錢無可厚非，但你該開始學會質疑，學會立體的看一個人，學會在聽名人發言的時候多問一個為什麼。

說穿了，金融市場從來就沒有聖人，更沒有神仙。資本一進入市場就帶著原罪，每一分錢都滲透著血和淚。老謀深算如巴菲特，這次何以陰溝裡翻船？只有一種解釋：內線交易做慣了，他根本就不把索科爾的行為當一回事。

這兩件事也正應了巴菲特自己的名言：「如果你看見廚房裡有一隻蟑螂，那裡面肯定不只一隻！」現在，你看清這個問題了嗎？資本市場的金字塔上方，藏匿著的正是金融大戶。

知識點2 漫談巴菲特的投資理念

2018年5月5日，「股神」華倫・巴菲特的波克夏・海瑟威公司召開第53次股東大會，4萬多名巴菲特的粉絲從世界各地趕了過去，其中有四分之一來自中國。在股東大會上，巴菲特回答了股東、記者和分析師的提問。除了在現場的1萬多名中國粉絲，中國更是有無數的投資者們徹夜未眠，在網路上觀看直播影片。顯然，他們都想從巴菲特那裡獲得投資祕笈。

因為，在過去的50多年裡，巴菲特以平均每年投資報酬率超過20%（只有2年虧損）的長期穩定收益，創下了史無前例的投資奇跡，也使得巴菲特成為2008年全球首富（目前排名第二），由於他的絕大多數財富來自股市，股神之稱當之無愧。

不過，巴菲特畢竟是凡人，是人就總會犯錯，他的投資理念漸漸的開始受到質疑。

比如，在這次股東大會上，一位來自紐約的8歲小女孩向巴菲特提問，引起在場所有人的特別關注。她問道：「我已經成為波克夏・海瑟威的股東2年了。為什麼波克夏・海瑟威公司的很多投資，已偏離早期輕資產的投資理念，尤其是為什麼要投資伯靈頓北方鐵路公司（BNSF），而不是輕資產的公司，像是持股更多在美國運通公司？」

巴菲特聽了女孩的提問，先是一怔，然後才笑著解釋說：「這個問題實在把我難倒了……長期以來，波克夏・海瑟威偏好能帶來資本報酬的公司，比如喜斯糖果、美國運通。這些公司的收益非常好，而

且保持了很長的一段時間……購買 BNSF 這家公司，是為了更好的進行資本配置，當時的這個價格非常合理。」

事實上，正如巴菲特自己所言，投資輕資產公司談何容易，尤其是價錢尚且合理的輕資產公司，比如像蘋果這樣的高科技高報酬公司，現在已經很難找到了。他的潛台詞很明顯，高科技公司良莠難辨，前景更難進行價值評估。

縱觀半個世紀以來，能夠入巴菲特法眼、並重倉投入的公司，其實並不多。他投資的最主要特點，是著眼於傳統產業而很少接觸新興產業，比如高科技類的股票，並且在每個行業中只選擇表現極佳，以及前景最好的前二、三家公司。

舉例來說。他投資的保險公司，是美國最大的保險公司之一的通用再保險公司，以及蓋可保險公司（GEICO，美國最大的汽車保險業公司之一）；因為保險公司有著穩定的現金流，通過精算嚴密的計算，風險可控，獲利可期。在日用品和消費品方面，他投資了最著名的可口可樂（波克夏·海瑟威公司持有近 10% 的股權，是最大的股東）、全球規模最大產品多元化的醫療衛生保健品強生公司等；這類公司基本上不受經濟週期影響，能夠源源不斷的帶來可觀的獲利。在金融領域，波克夏·海瑟威公司是美國運通（金融服務業內最有價值品牌的公司）、富國銀行（全球最大市值的銀行之一）、美國合眾銀行（US Bancorp，美國第 7 大銀行）的最大股東。而在高科技公司方面，巴菲特早期唯一投入的只有 IBM，在 2011 年曾持有 8.5% 股權，是當時最大的股東。可是後來巴菲特承認：「投資 IBM 是我錯了。」這筆投資巴菲特投入了 130 多億美元，但不斷虧損，結果用將近 6 年的時間，以清倉而告終，換來了對高科技企業的投資教訓，更堅定了他再也不投資無法確認投資價值——高科技公司的信念。

因此，對於巴菲特來說，無所謂錯過了投資 Google、亞馬遜和

臉書，而是堅持持有像可口可樂、通用再保險公司、美國運通那樣的能夠不斷做大的傳統公司。至於所謂「高科技 FANG」四大家中的蘋果公司，巴菲特也是到了蘋果成熟之後才投入的。因為，他已經確定蘋果可持續獲利的前景了，因為<u>在巴菲特來看，蘋果公司已經更像一家消費品公司，而不僅僅只是高科技企業。</u>

總之，投資自己所熟悉的產業，能把公司財富蛋糕不斷做大，能使股東不斷分享利潤，而非那些能投機抄底撈一把的公司。

不過，正如紐約的 8 歲小女孩疑惑的那樣，巴菲特也有偏離他的投資理念「棄輕求重」的時候，像是投資柏靈頓北方鐵路公司（BNSF），甚至還背離過「長期持有」的例子。

比如，2007 年 7 月，悄悄的將首次投資 5 億美元的中石油股係數拋售，單單這一筆，「股神」獲利了 35 億美元。

在股東大會上，近來在金融市場上最熱門的話題——比特幣，自然也被越來越多的投資者所問及。跟之前巴菲特反覆表達的觀點一樣，這次巴菲特依然表示，比特幣就好似「老鼠藥」（意思是毒藥）一般，購買比特幣的人只想著它的價格上升，根本就是在賭博！

這和我這幾年來對比特幣的觀點完全一致。

這裡引用一個例子。在某公司的年會抽獎活動中，一名員工中了大獎——十個比特幣，這位員工上臺致謝時，一邊看著大螢幕上比特幣的即時價格，一邊斷斷續續的說道：「感謝公司願意把價值 63 萬的比特幣做為獎品給員工；我覺得非常幸運能夠抽到 59 萬的大獎；我得好好規劃怎麼花這 57 萬；畢竟 55 萬不是一個小數目……」

雖然這是一個誇張的例子，但從某種程度上描繪了比特幣的價格跌宕起伏之特性，漲跌幅度每小時在 5%、每天在 10% 之間，在其他金融市場可能是漲停或跌停的節奏，而發生在比特幣的交易上，簡直太稀鬆平常了。

從金融角度而言，比特幣本身並不會產生財富，只能靠價差獲利，這顯然是違背巴菲特投資理念的投機行為。投入比特幣就和投資黃金一樣，本身不產生任何價值。

巴菲特的老夥伴蒙格也稱比特幣就是無價值的人造黃金，巴菲特的好友比爾·蓋茲也表示比特幣是非常傻瓜的投資。

在黃金問題上，巴菲特也表示了他的一貫觀點：「比如從長期來看，投資黃金的複合成長率非常低：黃金不能保值。」

從歷史的資料來看，黃金的「保值」屬性是經不起推敲的。差不多從 1980 年代到 2000 年，足足有 20 年的時間，黃金沒有大漲過。考慮到通膨因素，再考慮到 1990 年代美國股市的繁榮，在很長一段時間，黃金實際上在貶值。

直到 2000 年之後，黃金才開始強勢起來，給予人們黃金能夠保值的假象。然而，根據華頓商學院教授、聯準會和華爾街優秀投資機構的顧問傑諾米·席格爾（Jeremy Siegel）的分析，從 1801 年至今的 200 多年中，投資黃金的 1 美元僅僅變成 1.4 美元。也就是說，隨著金價的上下波動，投資黃金 200 多年的實際年收益率近乎為零。

這也正是巴菲特在會中提到的：「如果你在基督時代（西元初）買過黃金，並且使用複利計算，也只有百分之零點幾……」這和巴菲特之前反覆強調的相同：黃金不能保值。我也多次表達和巴菲特一致的觀點，長線來看，黃金無法保值或增值，別說目前的熊市，哪怕牛市之中也一樣。

最後，巴菲特明確點明：買比特幣的人和投入黃金一樣，只能指望著它價格上升，通過價格之差來獲利，那就只是投機的賭博行為！和投入一家公司，希望著這家公司的蛋糕不斷做大，投資者都能獲利的投資行為是無關的。

總之，巴菲特的投資理念其實非常清晰，追根究柢，就是多投

資、少投機、甚至不投機。再特別提一下，目前波克夏·海瑟威公司帳面上有 1,000 多億美元的現金，這充分說明了，如果沒有值得投入的資產，巴菲特寧願以現金為王，也絕不輕易投機！

2

政商通吃的投資機構

馬來西亞檢方就「一馬案」刑訴美國高盛公司

新華網 2018 年 12 月 19 日

馬來西亞 17 日就主權投資基金「一個馬來西亞發展公司」洗錢和貪腐案刑事指控美國高盛公司及其兩名前銀行家，尋求巨額賠償並判處涉案人員監禁。

高盛發言人隨即回應，稱馬方指控受到「誤導」，高盛將為自身辯護，同時繼續配合調查。

馬來西亞總檢察長湯米・湯瑪斯說，馬來西亞檢方就高盛公司所涉一馬公司的債券發行指控高盛公司、高盛前銀行家蒂姆・萊斯納和黃宗華以及兩名一馬公司前雇員。

湯瑪斯在一份聲明中說，高盛承接 3 項債券發行業務，幫助一馬公司籌集 65 億美元。債券發行過程中，27 億美元資金遭侵吞。

聲明說，債券由一馬公司子公司發行，得到高盛公司保薦，但提交的發行文件存在虛假、誤導性陳述和重大遺漏。「做為全球知名的債券發行保薦方，高盛應當施行最嚴苛標準，但他們沒

有達到任何標準。」

馬來西亞方面尋求對高盛處以「遠超」27 億美元遭侵吞資金的罰款，要求判處四名被告每人至多 10 年監禁。四名被告涉嫌共謀賄賂馬來西亞公職人員，以便高盛操作債券發行。

高盛收取了 6 億美元債券發行費用。湯瑪斯指認這一收費數倍於市場水準。對此，高盛先前解釋，一馬公司債券發行存在額外風險，包括一馬公司要求快速拿錢和高盛在投資者購買前先行購入。

一馬公司是馬來西亞前總理納吉布・拉紮克 2009 年就任總理後設立的國家投資基金，以國有資金從事投資。按照美國政府司法部的說法，2009 年至 2014 年，一馬公司多達 45 億美元遭侵吞，其中 7 億美元匯入納吉布個人銀行帳戶。納吉布否認腐敗。

馬來西亞政府今年 5 月設立工作組，調查一馬公司洗錢和貪腐案。納吉布已經因為一馬公司及其子公司相關案件受到 30 多項指控，罪名包括濫用職權、背信和洗錢。

包括美國和瑞士在內的多個國家同樣著手調查。美國檢察機構上月起訴高盛前銀行家萊斯納和黃宗華。萊斯納認罪共謀洗錢和違反美國《反海外腐敗法》。

||||||||||||||||||||||

新聞解讀

看懂財經新聞的四大原則：

一、特別關注壞消息。 簡單整理這則充斥壞消息的新聞：馬來西亞一馬公司的貪腐案，國際知名投資公司高盛牽扯其中。

二、專家的話正確聽。本章節就是針對新聞中的投資公司高盛，進行說明，先從歷史中具體來了解高盛的算盤，並以此來推斷高盛每次「放消息」背後的意涵。

三、分清投資和投機。高盛是藉由向大眾宣稱看空或看多來操作價差賺錢，其實就是一種投機。

四、回歸常識來判斷。為什麼投資公司或銀行要提供具有優勢的投資標的給大眾？身為普通投資散戶的我們應該要警覺，了解它們並不是慈善家而是商人，學會保衛自己的財產。

與本則新聞相關的財經知識

國際炒家（編按：炒作各種市場、資產來賺取價差的投機者）操縱黃金的背後，和往常一樣，搖曳著高盛的影子。

高盛集團首席商品交易員柯里（Jeff Currie）在接受 CNBC《巨頭午餐會》（*Power Lunch*）節目採訪時表示：「做空黃金！出售黃金！」柯里的建議是對「你建議投資哪些大宗商品來幫助我們的觀眾賺錢？」這個問題的回應。和 3 年前一樣，在極度看空黃金後，高盛又做出停止看空的最新表態，一進一退，一唱一和，布局放線，放聲收線，高盛的表演相當精彩，節拍踏得漂亮。如果你掌握了看懂財經新聞的原則二——不被「專家」欺騙，你就會明白高盛的柯里為什麼會做出如此的投資建議了。讓我們從歷史事件中來具體看看高盛是怎麼打如意算盤的。

你是否還記得幾年前「海普瑞（002399）讓高盛豪賺 33 億元」的新聞。這檔高調上市的天價股見光後便一瀉千里，讓深套其中的三萬多名股民和幾十家基金血肉橫飛。高盛再一次延續了在中國投資穩賺不賠的神話。但是有沒有人想過，它是怎麼做到的？

還記得當前讓許多中國股民大栽跟頭的西部礦業（601168）嗎？在高盛「西部礦業大藍籌」的極力吹噓下，西部礦業股價最高曾達人民幣 68.5 元。然而高盛一邊唱多，一邊悄悄分批套現。西部礦業上市後業績大變，可跟風的散戶已紛紛進場。就這樣，高盛採取屢試不爽的招數以每股成本僅人民幣 0.34 元的超低價套現 70 多億元歡喜離場。此外，還有高盛偷偷摸摸通過境外機構減持雙匯發展（000895）事件，真是往事不堪回首。

知識點1 將大家的資金放入口袋

1869 年成立的高盛公司，已經在資本市場打滾了一個半世紀，在賺錢這件事上早已成精。而它在賺錢過程中使用的一些不道德的手段，也開始慢慢暴露。

繼 2010 年 SEC 對高盛欺詐案展開調查後，英國、德國和法國等國也表示要介入對高盛的調查。2016 年 4 月 12 日，美國司法部宣布高盛集團同意支付 50.6 億美元罰款，以了結有關它在金融危機期間誤導抵押債券投資者的指控。

高盛在歐美可說是麻煩不斷、聲名日下。可在中國，高盛卻依然享受著「超國民的待遇」（編按：指在經貿領域中，中國在同等條件下給予外商優於國內投資者的待遇）。不少投資者依然堅定不移的緊跟華爾街大投資銀行的步伐，大把大把的「奉獻」著自己辛苦賺來的銀子。

大多數散戶也許從來沒想過，「政商通吃」的高盛並非是單純的市場機構，而是特殊利益參與者。事實上，在當今世界，金融市場應當遵循的誠信品質早已蕩然無存。華爾街的公司為了自己的利潤和獎金，可以說是用盡了各種灰色手段。對此，他們不但絲毫沒有罪惡

感，反而還引以為豪。

在次貸危機中倒閉的華爾街投資銀行雷曼兄弟，在遭遇清算的過程中，竟被發現其公司帳上有 1 億美元。清算公司發問了：「你不是倒閉了嗎？怎麼帳上還有 1 億美元？」雷曼說：「這是公司年底派發獎金的錢。」「奇怪，你連公司都保不住了，哪來的錢發獎金，居然還有 1 億美元？」雷曼的回答很是傲慢：「我們華爾街就是這樣，1 億美元獎金雷打不動，而且至少得 1 億美元；要不是碰上我倒閉，獎金就可能是幾十億美元、上百億美元！」雷曼不屑說出口的這句話是：「獎金沒有上百億美元，不如買塊豆腐撞死算了。」

而在 2008 年金融危機中死裡逃生的高盛集團，每年發放獎金更是高達 1、200 億美元。曾有國會議員質疑高盛 CEO，你憑什麼拿這麼多獎金？CEO 勞爾德·貝蘭克梵（Lloyd Blankfein）振振有詞的辯解說：「我們做的可是上帝的工作。」言下之意，因為做著「神聖」的工作，所以拿著「至高無上」的獎金是理所當然的。

不妨來看一看，金融大戶高盛究竟幹了些什麼樣的「上帝的工作」。讓我們看一下 10 年前，正值次貸危機引發金融海嘯之際，高盛 2009 年頭 3 個月的利潤來源分為四類：金融諮詢：3.25 億美元；股票銷售：3.63 億美元；債券銷售：2.11 億美元；交易和資產投資：100 億美元。請留意最後那 100 億美元，比華爾街傳統業務總共創造的幾億美元利潤要多得多，其中也包括搜刮中資銀行得來的利潤。然而自金融危機以來，高盛通過四個管道從納稅人口袋裡得到：問題資產救助計畫（簡稱 TARP）：100 億美元；聯準會：110 億美元；美國聯邦存款保險公司：300 億美元；美國國際集團：130 億美元。高盛在危機的最高點獲得 640 億美元的救助資金，並再一次利用 20 到 30 倍的高槓桿，借到 2 兆美元資金，一躍成為當時最有錢的銀行。而後高盛利用這些錢，在股票市場崩潰和各類資產最低價時大量買

進。隨後在聯準會和財政部以「營救金融體系和國民經濟」之名義，投入 23.7 兆美元的資金之後，那些資產重新膨脹。高盛用納稅人的錢，在最低價時購進資產創下盈利紀錄，而納稅人卻沒有得到任何利益。這就是所謂「上帝的工作」。他們將所賺利潤的一半——210 多億美元，臉不紅、心不跳的放進了自己的口袋。

知識點 2　把貨幣債務玩弄於股掌

　　2011 年初，前華爾街資深銀行家柯翰（William D.Cohan）針對 2008 年爆發的金融危機，以其淵博的行業知識和見解，調查書寫了《金錢與權力》（*Money and Power: How Goldman Sachs Came to Rule the World*）一書。書中揭露了高盛是如何掌控全球金融命脈，不擇手段搜刮全球財富，並養肥了高盛集團 400 名高層合夥人。當然了，高盛只不過是華爾街金融資本的魔頭代表。英國劇作家莎士比亞有一句名言：「地獄空了，所有魔鬼都在這兒了！」

　　想要知道魔鬼的真面目，就讓我們從歐元區講起。自 2008 年金融危機以來，歐元區債務問題已發展到極端危險的程度。歐元這一個能夠與美元抗衡的貨幣地位，已岌岌可危。歐元與美元一樣，是在債務產生的同時被「創造」出來的，在債務償還時被銷毀，由此形成債務貨幣。

　　以希臘為例，當希臘政府把債券賣給歐洲央行進行籌資時，這種「借錢」方式等於變相增加了貨幣供給。鑑於歐元區統一貨幣和經濟一體化的特點，同樣飽受公共債務困擾的愛爾蘭、西班牙、葡萄牙和義大利也向歐洲央行「借錢」，它們借到的歐元不是白送的，而是要償還利息的。它們借的錢越多，利息就越多，也就必須借更多的錢來償還之前的債務。當債務與貨幣捆綁在一起，其必然結果就是債務不

斷增加，直到這種債務貨幣遭人唾棄。這裡補充一點，當初幫希臘做假帳進入歐元區的不是別人，正是高盛。

為了達到獨霸全球財富的目的，華爾街借助金融危機一舉摧毀了與美元抗衡的貨幣——歐元。經過重新洗牌的華爾街站在財富金字塔頂端，壟斷了世界資源。也因此，貼上「新自由主義」標籤的高度自由化、市場化的美國經濟模式——華爾街提前消費、信貸消費的模式得以在全球推廣。而這種模式違背了市場經濟的基本規律，扭曲了供需關係，使華爾街能夠以吹大經濟泡沫的方式劫掠財富。這一掠奪財富的招數，在新興市場更是屢試不爽。

知識點 3 | 透過上市遊戲吞噬資金

中國就是個悲慘的例子。

老子「將欲取之，必固與之」的道家思想精髓，被華爾街演繹得淋漓盡致。改革開放初期，中國急於改變貧窮落後的狀況，並為此打開國門，積極引進外資及國外企業的先進管理方法。華爾街選中這一時機（高盛前 CEO、後來的美國財政部長鮑爾到訪中國 7、80 次），利用中國的這一需求，將掠奪之手伸向太平洋彼岸的中國。他們慣用的伎倆，首先是大肆唱空中資銀行和中國股市。

2002 年 12 月，高盛發表了一份研究報告，宣稱中國銀行系統不良貸款率為 40%，成為亞洲最差的銀行。到 2003 年上半年，英國《金融時報》、高盛、穆迪和里昂證券紛紛對中國銀行系統進行警告，一再強調中資銀行不良貸款存在極大的風險，如果處理不當，就將毀壞中國經濟的改革成果。那些西方媒體和金融機構眾口一詞，在國際國內大造聲勢，盡其所能的貶低中國銀行業。

轉眼到了 2003 年年底，標準普爾等國際信用評等機構（有關評

等機構可信度的討論請見第 2 章第 3 節）將中國的主權信用評等定為 BBB 級，是「可投資級」中最低的等級；還把十三家中資銀行的信用評等定為「垃圾級」，以便國際金融財團在股權收購交易談判時可以拿到談判的價碼。

2004 年 1 月 6 日，當國務院公布了中國建設銀行和中國銀行實施股份制改造試點並注資 450 億美元的消息後，立刻引起海內外輿論及業界的極大關注。惡狼聞風而動，進攻的機會終於來臨。國際大財團自 2005 年開始，紛紛打著幫助中資銀行改革的旗號，大舉挺進中國。為爭奪中國這塊肥肉，惡狼們拚得硝煙彌漫、烽火連天。我們來看看，這些打著友好旗幟的「偽善者」是如何吞噬中國資產的。

在摩根士丹利的穿針引線下，美國銀行（Bank of America）於 2005 年注資中國建設銀行 30 億美元，占建行 9% 的股份，每股定價僅港幣 0.94 元。2008 年又再從匯金公司手中增持了 60 億股，追加至 19%。2009 年 1 月 7 日，美國銀行在香港，以每股港幣 3.92 元售出 2.5% 的建行股，帳面獲利 13.3 億美元。建行股當日立刻下跌 5.84%，中國香港恒生指數跟著下跌 0.53%。同年 5 月 12 日，美國銀行又以每股港幣 4.96 元售出 35 億建行股，獲得 73 億美元。美國銀行不到 4 年，從中國建設銀行獲利接近 100 億美元，投資報酬率高達 333%，還不包括每年幾億美元的紅利！

知識點 4 藉由「放消息」來斂財

如此肥沃的生意自然少不了高盛的身影。2005 年，高盛親自出馬拉來了安聯和運通公司。他們共同出資 37.8 億美元入股中國工商銀行，收購了大約 10% 的股份，把股價定在每股人民幣 1.16 元。截至 2009 年 2 月月底，他們拋售套現了 99.2 億美元，帳面獲利 61.4 億

美元，報酬率也高達 162%。

此後，瑞銀集團、蘇格蘭皇家銀行、新加坡淡馬錫和亞洲開發銀行，總共投資中國銀行 87.8 億美元，每股定價僅為人民幣 1.22 元，變現獲利卻高達 41.35 億美元。中國銀行證實，蘇格蘭皇家銀行 2009 年年初將所持有的 108.1 億股的 H 股股權全部拋售。離禁售期滿還不到半個月，中行連續遭遇三家外資大股東減持股權。

滙豐銀行更是早在 2004 年就捷足先登，注資交通銀行 17.5 億美元，占交行 18.6% 的股權，總共持有 93.1 億股。2009 年 2 月月底前，變現 56.6 億美元，帳面獲利 39.1 億美元，報酬率更是高達 223%。

那些國際金融大財團就是高盛所謂的「外資戰略夥伴」。他們與中資上市銀行的戰略夥伴關係，就是在適當的時機，以最低的價格獲得中資銀行的股權，借用上市的遊戲劫掠一票之後，就像裝滿戰利品的海盜船那樣鼓起風帆開溜了。中資銀行業成了他們的取鈔機，肥水流進了外人的田！由此可見，華爾街上市的遊戲和定價權的壟斷，是多麼厲害的武器。

高盛開給中資銀行的那張「藥方」，是炮彈外包裹著幫助中國銀行業改革的糖衣，是「新八國聯軍」的「攻城戰略」。

看一看，當打掃這片哀鴻遍野的戰場時，滿目瘡痍，我們的心在滴血！那些國際金融大財團，在拋售了中資四大銀行的股權之後，總共獲利接近 236 億美元。而中國四大上市銀行 2008 年的利潤總額為人民幣 2,953.7 億元，平均增速達到 30.5%。其中，建行實現淨利潤高達人民幣 926.46 億元，增長 33.99%；中行人民幣 635.39 億元，比去年同期成長 13%；交行實現的淨利潤達到人民幣 284.23 億元，比去年同期成長 38.56%；而工商銀行的淨利潤就高達人民幣 1,107.66 億元，比去年同期成長 36.3%。

可遺憾的是，真正分享高額利潤的是誰呢？不是廣大的中國股民和四大銀行本身。真正分享高額利潤的，是那幫吃人不吐骨頭的華爾街豺狼。僅舉建行為例，美國銀行拋售了建行股之後，依然擁有建行 10.75% 的股權。也就是說，美國銀行還要搜刮走建行 10% 以上的淨利潤，接近人民幣 100 億元。據最保守估計，單單一年外資就從中資銀行身上剝奪利潤超過人民幣 1 兆元，約 1,471 億美元（按 1：6.8 計算），再加上拋售股權所得 236 億美元，總共從中國人民身上掠取 1,707 億美元！

這是一筆怎樣的鉅款呢？這筆鉅款足以收購三家大型商業銀行的控股權，比如花旗集團；可以拯救美國三大汽車巨頭九次以上。自中華人民共和國成立以來，建立一支核動力航空母艦戰鬥群一直是中國海軍的夢想，這 1,707 億美元，可以購置 15 艘核動力航空母艦，包括艦上的全部艦載機，使中國海軍一舉成為當代的「海霸」。

「小盜竊鉤，大盜竊國」。我們普通投資者也許無力與國際投資銀行抗衡，但至少要學會保衛自己的財產。為什麼哪檔股有潛力，哪個產品風險太高，高盛都要告訴你呢？投資銀行難道是慈善家？你難道沒有發現，每次退潮後，在海灘上裸泳的人正是你啊？

老奸巨猾的高盛沒有一刻消停。2016 年 6 月，高盛又放話看空油價前景。現在，你應該能猜到高盛此番「放消息」背後的用意了吧？

3

帶著私心的專業人士

監管層要求管住分析師的「大嘴」

上海證券報 2018 年 09 月 21 日

上海證券報稱，近期，管理層向證券公司下發了新一期機構監管情況通報，要求券商建立健全內部管控機制，加強對公司工作人員公開發表言論行為的管理，維護資本市場正常秩序。

通報要求券商從四方面加強管理：

一是規範公開發表言論行為，強化專業責任擔當。

通報要求資訊來源合法合規、研究方法專業審慎、分析結論可有效驗證，不得使用低俗、誇大、誘導性、煽動性標題或者用語，不得盲目跟風炒作、一味追逐市場熱點等。

二是加強工作人員管理，強化公司內部控制。

通報要求券商將員工的公開言論管理納入公司合規及全面風險管理體系，建立健全事前、事中、事後內部管理制度，要求工作人員發表公開言論前履行公司內部報備程式（編按：程序），並嚴格落實監測評估和內部問責機制，加強對員工的培訓教育等。

三是落實研報（編按：研究報告）合規要求，有效提升研報品質。

通報要求券商督促證券分析師和相關研究人員基於客觀、紮實的資料基礎和事實依據，採用科學、嚴謹的研究方法和分析邏輯，審慎提出研究結論。同時，建立健全並嚴格執行品質控制和合規審查制度機制等。

四是強化媒體合作管理，健全輿情監測和應對機制。

通報要求券商授權媒體機構刊載或者轉發研究報告或者摘要、證券分析師和相關工作人員評論意見的，應當與相關機構作出協議約定，明確刊載或者轉發責任。此外，券商還需健全媒體報導監測和應對機制等。

|||||||||||||||||||||||||

新聞解讀

看懂財經新聞的四大原則：

一、**特別關注壞消息**。本則新聞看似是個好消息，顯示政府開始關切並管制券商的言論。然而換個角度來看，可見在實際上正是因為有不少券商的公開言論，造成市場和投資人許多問題。

二、**專家的話正確聽**。這是本章節的重點，我們在聽取專家的話的當下，應該要去了解該專家是否和他說的內容是否有「利益衝突」，並以此來決定該如何依照專家的話來行動。

三、**分清投資和投機**。如果投資人只是盲從專家或專業機構的說法來進行投資，那麼就很有可能只是陷入了它們的投機陷阱了。

四、**回歸常識來判斷**。用常理判斷，只要牽扯到利益關係，

不論是多公正的專家或機構，可能都仍帶有部分私心。

與本則新聞相關的財經知識

做為亞洲經濟成長最快的市場之一，中國的有錢人正快速崛起，他們對財富的保值、增值需求也越來越強烈。正是看好這一潛力巨大的市場，各家私人銀行無不竭盡全力爭奪高端客戶。在投資品種稀少、理財知識貧乏的中國民間，人們往往把錢財交給所謂的理財專家打理，但效果如何呢？

知名文化人洪晃曾在微博上爆料，她在德意志銀行開設的個人投資理財帳戶「越理錢越少」。她怒斥：「我快被他們給理成無產階級了。」無獨有偶，在 2008 年，利比亞總統卡扎菲把 13 億美元交給高盛來打理，不到短短 2 年的工夫，這筆鉅款就虧損超過 98％。這讓我們不禁感嘆高盛真「厲害」！就是普通人攜帶這筆鉅款，即便去賭場豪賭一場，也很難輸成這副模樣。

如果你覺得有錢人栽在大銀行手裡的例子太遙遠，那麼回想一下自己的理財經歷。不知你有沒有這樣的遭遇，禁不住某位炒股大師在電視上口沫橫飛的強烈推薦，一衝動拿出積蓄買了那檔被推薦的股票，一心等著這隻神雞快快下金蛋，最終不僅蛋沒等到，連雞都死了。於是你困惑、你不解，這是大師的偶爾失手嗎，還是他根本就是個信口雌黃的大騙子，可騙子怎麼能上電視？

知識點 1 猩猩比大師更聰明

記得美國有線電視新聞網 CNN 曾採訪了兩位財經專家，請他們預測一下今後股指和黃金價格的走勢。一位信誓旦旦的說：「2 年內

道瓊指數將從目前的 10000 點攔腰斬斷,跌至 5000 點。而黃金將從每盎司 1,200 美元漲到 3,000 美元!」另一位則說:「2、3 年內,道瓊指數將在 10000 萬點上下徘徊,上不過 11000 點,下不低於 9000 點。而金價將從每盎司 1,200 美元跌到 600 美元!」

這兩位資深專家提出資料講道理,分析得頭頭是道,但結果卻南轅北轍。觀眾看傻了:「到底該聽誰的呢?」

我不禁想起,每到年底,電視台都會請來華爾街金牌分析師,總結當年的股市並預測來年的指數。他們每一位都口若懸河,信心飽滿,可給出的數字卻截然不同。我曾特別留意,並在第 2 年做了核實,結果發現:他們的預測基本不準!記得有一年年底,電視台照例請來幾位大師,同時還牽來一隻猩猩。主持人等大師們大放厥詞預測了之後,也讓猩猩對準寫好的一排數字扔飛鏢,被扔中的數字做為猩猩的預測。等到了第 2 年年底,猩猩預測的準確率竟然超過絕大多數大師!

其實,正如立場決定觀點,屁股決定大腦,賣花的總是說花香,賣瓜的總是說瓜甜,理髮師永遠要你理髮,房產經紀人永遠勸你買賣房子。因此,當大家看(讀)財經新聞時,特別是帶有預測性的言論,要特別留意那些發言的大師和專家都來自何方。如果他們是投資銀行內的所謂「經濟學家」或「首席經濟學家」,你就要多長個心眼了。請恕我直言,他們充其量是投資銀行派來的超級銷售。即使他們水準再高,對形勢看得再清楚,一般也不會說出自己的心裡話,只能向著投資銀行的利益發表演說,因為這是他們該遵守的職業道德。他們只須對自己效勞的公司負責,而無須對你負責。

知識點2 不要盲目相信權威

在這裡教你一個小竅門：通常來說，投資銀行準備做多時，往往會唱衰大市，這是在為他們的進場做準備；反之亦然。所以，聽他們說話要像聽球王比利（編按：巴西足球傳奇，其暱稱為烏鴉嘴，因為被他看好奪冠的球隊往往最後都會出局）的「烏鴉嘴」那樣反過來聽。比如前 2、3 年，高盛已經做空油價，就在油價超過 120 接近 130 美元／桶時，他們誘勸別人趕快進場，否則油價會漲到 200 甚至 400 美元／桶！結果，等大家都進場之後，油價一路下滑，曾下跌至 30 美元／桶！高盛因此賺得盆滿缽滿。誰虧了呢？聰明的你一定知道了吧。

同樣的道理，放話的專家，即使是諾貝爾經濟學獎得主，只要那時是政府的職員或顧問，那絕對會站在政府的立場替政府說話。如諾貝爾經濟學獎得主、美國經濟學家保羅・克魯曼（Paul Krugman）宣傳人民幣幣值至少低估了 25% 至 40% 就是個例子。他曾強硬的表示，如果不拿出強硬的威脅措施，美國不會取得任何進展。這樣的話，我們該怎麼聽呢？又如美國的失業率資料，在金融危機中，美國真實的失業率其實早已突破 17%，這是公開祕密，只要下點工夫就能查明白，但好些經濟學家就是有本事把失業率「降」到 10% 以下。再看美國房市，曾經明明深陷沼澤，房價依然「跌跌不休」，可不少專家就能在當時解讀成市場見底回升了。這幾年來，歐巴馬的救市舉措只不過解救了闖下大禍的華爾街而已，又增加了幾兆美元的債務，市場依然疲軟，金融危機正在向縱深蔓延，更大的危機正在前面，可有些專家卻睜著眼睛說瞎話，胡謅危機已然過去……

就像我們在之前的章節中說過的，就連股神巴菲特的話都不能全聽。對於投資者來說，和你同在市場中的巴菲特是你的競爭對手。他

把投資的祕訣告訴了你，你賺多了他不就賺少了嗎？這是個簡單的「利益衝突」的道理。

普通大眾很容易盲目相信權威，一聽介紹是某某投資銀行的首席經濟學家、美國頂尖大學的終身教授、諾貝爾獎獲獎者，就被他們迷惑了。但其實，經濟學並不是數學理化那樣極為嚴謹的科學，很多結論都是在假定的模型下得出的。金融牽涉的是各方面的利益，時常被政府和大型金融機構操控著，而市場又是瞬息萬變，不以人的意志為轉移的，誰能準確的預測呢？更何況，許多學者專家教授背後的靠山是大型投資銀行等金融機構，他們的一言一行代表的只能是他們的靠山。不認清這一點，被誘騙進場的投資人，就很容易成為利益集團的犧牲品。

曾經是華爾街金牌分析師的凱斯勒（Andy Kessler）在他的懺悔錄《華爾街牛肉場》（*Wall Street Meat*）中講了一個故事：當英特爾的股價在 20 美元時，凱斯勒分析它的前景看好，應該會漲到 35 美元。但他的同事羅森──當年高科技企業的頭牌分析師，非要他把目標價格調整至 50 美元。就這樣，靠著分析師不斷提高價格目標，做出建議，推高股市，從而形成了泡沫。過後泡沫破滅，凱斯勒和羅森的桌上堆滿了投資人激動與憤怒的電話留言紙。凱斯勒向投資人一一回電致歉，但羅森竟然連錯誤都不願承認。羅森認為他有說話的權利，至於買不買是投資人自己的決定，虧損當然得自己承擔了。

奇怪但又普遍的是，人們往往不愛聽實話，偏偏喜歡聽神話。金融財經說穿了只是個常識問題，即一加一等於二，永遠不會等於三。

讓我們回到開頭那個 CNN 採訪兩位專家的例子。通過 Google 搜索不難挖出那兩位專家的背景：原來，他們一個是黃金指數基金的經理，另一位是某投資銀行的分析師，而這個投資銀行正在做空黃金……根本就是屁股決定腦袋，用「看懂財經新聞的四項原則」中的

第二條套在這裡分析，是不是一下子就明白了為什麼兩人的言論大相徑庭？

| 知識點 3 基金評等僅供參考

2016 年 6 月 27 日，因英國公投將退出歐盟，對英國經濟、公共財政和政治上的連續性產生了許多負面影響，英鎊匯率跌至 31 年來的新低，反映了金融市場的投資者，對脫歐後的英國產生的悲觀情緒。

面對英國政策框架的可預測度、穩定性和有效程度下降的風險，標準普爾（Standard & Poor）和惠譽（Fitch Ratings）這兩家國際評等機構，將英國原本「AAA」的最高信用評等下調至「AA」級，顯示英國外部融資條件的惡化狀況。

惠譽認為，隨著英國企業推遲投資，並考慮改變法律和監管環境，短期內 GDP 成長將突然放緩。雖然尚不確定負面衝擊的程度，但已下調了之前對英國實際 GDP 的預測，2016 年從 1.9% 降為 1.6%，2017 年和 2018 年分別從 2% 降至 0.9%，令英國的經濟前景雪上加霜。

而這兩家國際評等機構下調英國的信用評等，彷彿就像在對英國落井下石。

標準普爾和惠譽的信用評等，為何具有這樣大的能量？他們的評等真的就那麼合理、準確嗎？

其實也未必！

標準普爾、惠譽和穆迪（moody's ratings），是國際上頂級的「三巨頭信用評等機構」。1975 年，這三家公司被美國證券交易委員會認可為「全國統計評等組織」。標準普爾主要為投資者提供信用評

等、獨立分析研究、投資諮詢等服務，包括反映全球股市表現的標準普爾全球 1200 指數，美國投資組合指數基準的標準普爾 500 指數等，其母公司為麥格羅—希爾（McGraw-Hill）。

惠譽是「三巨頭」中規模最小的，儘管通過多次收購發展壯大了，經常自我定位與其他兩個評等機構實力相當，但實際上卻並非如此，其涵蓋的市場份額比標準普爾和穆迪少得多。惠譽的兩個總部分別設在紐約和倫敦，由約翰·惠譽（John Knowles Fitch）於 1913 年創辦，經過多次與其他公司的收購和兼併，2014 年 12 月 31 日，公司 80% 的股權由美國赫茲國際集團持有，法國公司 FIMALAC SA 控制了其餘 20% 的股份。

通常來說，公司付費讓標準普爾和惠譽評估發行債務憑證級別，其結果是這些評等機構受惠於發行商，賺錢變成了他們的主要目的，評等倒顯得次要了。事實上，這個以「付費玩」（pay to play）為目標的模式，使他們的評等往往變得毫無意義。如果用更精確的話來形容，評等——可以說是賭徒三張牌（Three card Monte）遊戲中「抬價」的角色。

之前有專家指出，2008 年全球金融危機的部分原因，恰恰是標準普爾和其他評等機構造成的。因為從 2007 年開始，被標普賦予 AAA（可用的最高等級）評等的擔保債務憑證（CDO），即意味著低風險。

然而，標普把 AAA 的信用評等給予風險最大的貸款池，當投資者購買了大量標有 AAA 的 CDO 之後，等於背負著驚人的損失而無法出售。例如，瑞士信貸發行的 3.41 億美元 CDO 債券，儘管被標普評為 AAA 級別，最後竟落得 1.25 億美元損失。

此外，有時「三巨頭」賦予公司（以及整個國家）的評等，並不是根據健全的財務分析，而是基於政治因素。比如 2013 年 11 月，標

準普爾下調法國的信用評等，從 AA+ 下調至 AA，理由是因為總統法蘭索瓦‧歐蘭德的政策將無法刺激經濟增長。

事實上，類似的例子還有很多。如 2011 年 8 月 5 日，評等公司標準普爾表示，全球金融體系的基石被動搖，美國國債不再是世界當之無愧的最安全投資產品，將美國信用評等從 AAA 降至 AA+，金融市場為之譁然。結果是標普的財務分析報告，出現 2 兆美元的計算錯誤，可算是擺了個大烏龍。

加拿大和澳大利亞都有類似的經驗教訓，這些國家抱怨一旦被「三巨頭」降級，可能需要數年才能贏回 AAA 評等。因此 2011 年 5 月，美國證券交易委員會提出建議，要求「三巨頭」透露更多的有關信用評等的計算方法，進一步加強內部監控以防止利益衝突。

總之，對於國際「三巨頭」的評等，僅供參考即可，不必太當真。

4

潛藏謊言的數據資訊

　　螢幕上 CNN（美國有線電視新聞網）的《One-on-One》節目正在做對索羅斯的訪談。

　　首先，主播詢問索羅斯目前美國經濟狀況如何？索羅斯直言不諱道：「依然不行。非但美國，歐洲也一樣，是金融模式出現了問題。」而索羅斯還用了一個非常嚴苛的詞：「美國經濟模式再不改弦更張的話，就會『死定了』（dead end）！」

　　索羅斯直言：「這次經濟危機的原因之一，就是金融業賺得太多了。」於是節目主播問索羅斯，那究竟該怎麼投資呢？索羅斯回答：「投資教育吧。」

||||||||||||||||||||

新聞解讀

　　看懂財經新聞的四大原則：

　　一、特別關注壞消息。新聞中顯現美國的經濟狀況出了問題，這也正如我反覆嘮叨的——不能再寬鬆貨幣、寅吃卯糧、借貸消費和債臺高築了。

二、專家的話正確聽。那麼對索羅斯這樣的金融大鱷所說的話，我們應該怎麼聽呢？在華爾街的大鱷中，索羅斯是我最為「敬仰」的一位。雖然他做空過英鎊、做空過東南亞、做空過黃金等，是個著名的「做空大師」。不過，他一貫醜話說在前頭：「不是因為我的做空而把事情搞砸了；恰恰相反，是我看出了問題才做空。」這就好似啄木鳥，並不是它們把樹啄出一個一個洞，而是因為樹上有蟲子，吸引啄木鳥把蟲子啄了出來。所以，有人形容索羅斯長著一張烏鴉嘴，盡說喪氣的話。但是他的話非但要聽，而且要好好的、仔細的聽。索羅斯如此說，顯然他在「唱空做空」。但是我們普通投資者難以「追隨」。由於「做空」純屬「投機」行為，並不是「投資」。普通投資者要像遠離毒品那樣，遠離「做空」。因為做空難以控制風險，稍有不慎，就會傾家蕩產！

三、分清投資和投機。那麼在此之際，我們如何投資呢？其實答案已經很明瞭了。索羅斯把話放那兒了，歐美必須改弦更張，他的觀點也呼應了聯準會前主席柏南克的觀點，他曾兩次呼籲美國，必須「長期減赤」。歐美正試圖「節流」，雖然他們大手大腳慣了，一下子很難改變，但是這個過程是必須的，不然「死路一條」，也就是通縮將至。在通膨的時候把錢存入銀行帶來的是「負利」縮水，因為利息低於通膨率；而如果此刻轉投金融市場，由於通膨了多年，幾乎所有資產都在高位，通縮時價格必然下跌。那正好「剛出狼口，又進虎穴」，因為存銀行的損失是通膨率減去利息，一般在 2% 上下；而當資產價格下跌的話，跌去 10% 可以說轉瞬即逝！

四、回歸常識來判斷。索羅斯提到了「投資教育」，這和我的觀點一致。「投資自己的大腦」，多掌握些知識、多學些技

能，把自己變成最有價值的商品，從而增加收入，不管通膨還是通縮來臨，都能立於不敗之地！說穿了，這也就是「常識」。

與本則新聞相關的財經知識

在國際大宗商品價格和黃金價格暴漲暴跌的背後，有人賺得盆滿缽盈，有人輸得血本無歸。在貴金屬市場，資本大鱷索羅斯一面唱空一面做多；高盛則和摩根士丹利唱對台，一個看空一個看多。在紛繁複雜的資訊面前，投資者怎麼去判斷取捨、怎麼去分析理解呢？

知識點1 數字成為市場的喊價依據

先來看一個幾年前小麥期貨價格戰的經典案例。

那年的 8 月 17 日，芝加哥商品交易所的穀物期貨全線上漲，小麥期貨價格的漲幅接近 1.7%，同時小麥和大豆的期貨價格也有不同程度漲幅。穀物期貨的全線上漲主要原因在於，全球主要糧食出口國（包括俄羅斯、烏克蘭和加拿大等國）由於嚴重的乾旱和破壞性降雨，影響了小麥的預期收成。前一星期，俄羅斯總理普丁簽署法令，因為乾旱和部分地區森林大火，對小麥實施出口禁令。有鑑於此，8 月 16 日烏克蘭當局和企業界代表也發表言論，建議限制小麥出口。從當年小麥出口國的收成來看，由於受乾旱影響，俄羅斯 27 個穀物種植區已有 1100 萬公頃的穀物遭破壞，這相當於匈牙利或葡萄牙五分之一農作物的播種總面積。俄羅斯穀物產量將從前一年的 9700 萬噸下降到當年的 6000 萬噸，減少了 38% 左右。預計小麥收成將從前一年的 6170 萬噸，減少到 4400 萬噸。烏克蘭是全球第六大小麥產區，因受酷熱氣候的影響，小麥的產量低於之前的預期，收成預估

1860 萬噸，而實際收穫 1775 萬噸，預計那 2 年的小麥出口前景將從 710 萬噸下降到 595 萬噸。而歐盟 27 個成員國，受滾滾熱浪的侵襲，使得它們那年的小麥產量也將從前一年的 12980 萬噸減少至 12950 萬噸。

這一資訊對依靠糧食進口的國家來說絕不是利多的消息，而對唯恐天下不亂的華爾街來說則是大好時機又來了！這不由得讓我們聯想到 2008 年 8 月，全球原油期貨市場被金融投機炒家從每桶 30 美元破紀錄的炒高至 147 美元。因為石油暫時無可替代和儲量日益減少的事實，成為國際炒家推高油價的主要原因。

那麼，主要糧食出口國小麥歉收，是否會使全球糧食市場產生恐慌，出現一輪炒作小麥期貨的價格戰呢？

值得一提的是，雖然烏克蘭尋求小麥出口的禁令，但做為世貿組織的一員，烏克蘭無權停止出口，僅僅有權討論糧食出口配額的可能。實際上，烏克蘭尋求小麥出口禁令的真正目的，是想廢除不利於他們的合約——不可抗的狀況。各方的表現暗示著：利益之爭已經開始了。

其實，哈薩克也是排名前十位的小麥出口國，那年並不受乾旱的影響，雖然那年小麥不如前一年收成高，從前一年的 1450 萬噸下降至 1350 萬噸，跌幅約為 7%，但也算是大豐收。就連摩爾多瓦的農業部部長都認為，氣候造成穀物歉收的損失是微不足道的，摩爾多瓦前一年小麥收成為 77 萬噸，那年約為 85 萬噸。

分析了穀物收成的自然情況後，來看一看金融市場的背景。由於期貨市場一般都通過保證金帳戶來運作，至少是總價的 25%，金融槓桿至少也是一比四。而期貨的保證金帳戶比一般股票的保證金帳戶比例更低，只需總價的 5% 到 10%。想想看，「保證金」加上「期貨」，那是槓桿的槓桿，獲利與風險比例平均比股票高。但買賣期貨

者獲利或虧蝕的幅度，可以是本金的數十以至數千倍！因此，期貨市場就產生了做多和做空的炒家。而且，期貨市場完美的做空機制給了國際炒家暴利斂財的機會。

┃知識點2┃ 大宗商品定價權都被華爾街掌握

　　早在 2008 年，小麥就已經被炒高過一次了。根據芝加哥商品交易所在 2002 年到 2010 年間小麥期貨的走勢：小麥在 2008 年年初就曾經突破 1000 點，不到一年便急速腰折跌破 500 點。大家知道，期貨追根究柢是零和市場（零和市場指的是投資／投機者只能靠價差獲利──黃金、比特幣、不分紅的股票、外匯，以及期權期貨等衍生性金融商品市場──都是零和市場：也就是輸家虧的錢和贏家賺的錢相加之後為零。另外，由於交易平台的介入，扣去經紀費用，再扣去政府稅收等，對於市場參與者而言，市場中虧的錢和賺的錢相加為負數，就叫負和市場），在這一上一下劇烈的波動之中，顯然有人賺得缽滿盆溢，同時有人傾家蕩產。而由於華爾街掌握著大宗商品的定價權，賺得缽滿盆溢的往往是金融大戶，他們賺了那誰賠就不言而喻了。

　　我們來看看國際炒家是如何操作的：在各種商品期貨市場，國際炒家為了能夠達到控制商品期貨的價格、創造超額利潤的目的，會製造、捏造、編造和炒作各種**所謂的**「**消息**」，**其實就是莊家們為了炒作而找的理由**。任何一種商品、任何一個上市公司都可以找到相應的所謂消息或者說題材，而任何我們覺得匪夷所思或者是微不足道、遙不可及的事件只要莊家需要，他就會去發掘、改造、編排和散播。這些被改頭換面的事件就成為他們控制價格、操縱市場以牟取暴利的有力武器。

國際金融炒家是一群極度聰明的人，他們手裡掌握的資金之雄厚是不可想像的，他們和各國政府關係之曖昧是不可想像的，而他們的貪婪更是不可想像的。

　　根據中國三農問題專家李昌平的介紹，中國的水稻、玉米、土豆等主糧在現階段的技術下，在未來 10 年到 20 年內根本不會短缺，而且還有很大的增產潛力，甚至是淨出口國，因此中國不必要去蹚這一渾水。如果真想出征，也要謹慎、謹慎、再謹慎，千萬不要像 2008 年購買石油期貨那樣，聽信國際金融炒家的誘騙。

　　親愛的讀者，你現在明白了嗎，為什麼投資銀行有的向左、有的向右，為什麼炒家們有的喊多、有的喊空？那唱空的正是要打低價格準備抄底進場，而那唱多的正是要抬高價格準備獲利出貨。學會在資訊爆炸的時代去偽辨真，找出對自己有用的資訊。只有這樣，才能看懂財經新聞，並讓新聞為你服務。

5

預警未來的烏鴉嘴

新聞案例

努里埃爾・魯比尼：關注去槓杆過程中影子銀行急速膨脹

財新網 2018 年 03 月 24 日

全球各類經濟體和不同部門都在去槓桿，應對全球金融危機需從三方面著手。

美國、日本、歐洲公共債務升高，中國去槓桿過程中影子銀行急速膨脹，其他國家私營部門債務積累，這是目前全球面臨的金融風險。3 月 24 日，美國紐約大學教授、魯比尼總體研究公司主席、首席執行官努里埃爾・魯比尼分析金融危機問題時指出：「美國和中國等都需要去槓桿。」

努里埃爾・魯比尼在中國發展高層論壇 2018 年年會上，分析了目前金融市場面臨的風險和可能觸發危機的因素。他指出，金融危機按範圍分為國家性、區域性和全球性危機，從經常專案看，在金融系統和地產等不同領域出現。大多數的危機都有資產價格泡沫，最後泡沫破裂，連鎖反應傳導到金融企業，爆發危機。

|||||||||||||||||||||||||

新聞解讀

看懂財經新聞的四大原則：

一、特別關注壞消息。 本則新聞中，努里埃爾・魯比尼在中國發展高層論壇 2018 年年會上，分析了目前金融市場面臨的風險和可能觸發危機的因素。他認為大多數的危機都有資產價格泡沫，最後泡沫破裂，連鎖反應傳導到金融企業，爆發危機。

二、專家的話正確聽。 在準確預測美國次貸危機和全球經濟危機後，著名的「末日博士」努里埃爾・魯比尼不斷成為焦點。2016 年 1 月，魯比尼又發出驚人言論，稱當下全球經濟進入的是「新病態」（New Abnormal）──從美國金融危機以來，儘管各國政府採取了一系列的拯救政策，但是各國越是拯救，經濟就越是衰退不止，已經進入重病狀態。這位全球最負盛名的「烏鴉嘴」經濟學家是在胡說八道嗎？他的話是危言聳聽還是警世格言？

三、分清投資和投機。 新聞中並非針對投資或投機，但可能爆發泡沫的訊息，會同時影響到投資與投機。

四、回歸常識來判斷。 我們當然希望努里埃爾・魯比尼的預測不要發生，但不論是否會發生，最好把他的提醒放在心上、未雨綢繆。

與本則新聞相關的財經知識

▍知識點1 烏鴉嘴總比黑天鵝好

《華爾街日報》曾刊登過一篇專欄文章。文章的題目非常令人震驚，叫〈我希望美國對其債務違約──越快越好〉。作者寫道：「在這個情況下，我真的希望能發生事件。我希望美國對其債務違約──越快越好。我希望共和黨人關閉政府，希望穆迪評等公司降級我們發行的債券，希望中國和日本停止購買美國國債。我希望華盛頓的官員、公務員和顧問大軍發不出工資，讓美國老年人只能拿到一文不值的借據，而不是社會福利金支票⋯⋯也許到那時，也許只有到那時，美國才會覺醒，才會做一些事情來防止即將到來的財政災難⋯⋯讓我們來看看白宮 2012 年的財政預算，簡直是龐氏騙局主謀馬多夫作案的翻版⋯⋯」

讀到這兒我明白了，他是反話正說。我不禁啞然失笑，真是英雄所見略同。我曾在〈美國國債──有史以來最大的龐氏騙局〉一文裡也提出了相似的觀點，目的是向大眾預警可能即將到來的大危機──美國國債危機！然而，這篇文章的作者一定會被某些人嘲諷為「烏鴉嘴」。因為在判斷和分析事物的時候，特別是針對經濟形勢的走向時，經濟學家面對各種經濟資料，會產生完全不同的結論。樂觀的經濟學家常被冠以「吹鼓手」稱號，而悲觀的經濟學家則被封為「烏鴉嘴」。

且不論「吹鼓手」和「烏鴉嘴」之爭孰是孰非，說句實話，沒有「烏鴉嘴」是非常可怕的。我們知道，20 年前的日本因放鬆信貸而形成房地產泡沫，最終導致經濟崩潰，使日本經濟「失去了 20 年」，

至今都沒有恢復過來。日本學者事後調查表明，當初房地產泡沫越吹越大的時候，日本央行的官員和主流媒體沒有人公開對泡沫破裂表示過擔憂。也就是說，當年日本沒有一個「烏鴉嘴」經濟學家出來殺風景。

話雖如此，不過「烏鴉嘴」就是討人厭。有一位國內房產界名流向我抱怨說，有一位經濟學家從 1989 年開始就說房價超高，1992 年又說房價有泡沫，2002 年還危言聳聽泡沫要破，到了 2005 年又告誡大家泡沫肯定要破。結果呢，中國房價一路飆漲。這樣的經濟學家對社會負責任嗎？不就空長了一張「烏鴉嘴」嘛！其實這位仁兄可能沒有想到，預警沒有成為現實恰恰是好事！要是沒人發出預警而不幸突然發生，成為黑天鵝事件，那才叫慘呢！正如《黑天鵝效應》一書描述的，如果 12 年前，哪怕有人早一個小時發出預警，那麼「911 事件」就不會發生。而「911 事件」之後，美國設立了預警系統，一連幾年，危險警示燈一直跳著，大家心裡一直抖抖的，結果迄今也沒什麼大事發生。

跟預測經濟相比，恐怖危機的預警顯然容易控制得多了。美國的經濟金融界「烏鴉嘴」如此之多，也無法避免前 200 年發生的大大小小 135 次金融危機。人啊，都愛聽好話、神話，不喜歡聽難聽的大實話。大家是否還記得魯迅先生講過的那個故事：有個孩子剛出生，一大堆人圍著孩子說了許多喜慶的話，有人冷不丁說，這個孩子今後要死的，結果被人痛打一頓，可見大實話是多麼討人厭。而經濟學家凱因斯對他提出的經濟模式最清楚，深知用量化寬鬆其實就是玩龐氏騙局，早晚會過不去。於是他便自嘲，從長遠來看，人都是要死的。其意無非是，懶人吃藕，吃一段、洗一段，今朝有酒今朝醉，過一天算一天吧。

知識點 2 直面逆耳忠言才能防範未然

　　事實上，我們應該向所有的「烏鴉嘴」致敬！就好比醫生告誡大家不要吸菸，吸菸有礙健康，得肺癌的概率很高。但並非所有吸菸者都會得肺癌，因為醫生得出吸菸得癌只是個趨勢，但每個吸菸者基因不同，有些吸菸者還未查出肺癌，就因其他疾病走了。就算真得了肺癌也有早晚差異；而且得了也不見得立刻就去見上帝。這就是為何「烏鴉嘴」討人厭且有預測不準的嫌疑。但我們絕不能因為吸菸者還沒得肺癌或還沒死就說醫生杞人憂天。

　　在市場中，與「烏鴉嘴」相對的是「吹鼓手」。比如有人說2010 年道瓊指數要上 30000 點，中國股市要衝上 10000 點。這些話是相當好聽。書店裡那些牛市 10000 點、道瓊指數 30000 點的書大家最愛看；而像電影《2012》裡的作家，他寫的預警書只賣出幾百本。可見忠言就是逆耳，直面現實需要不凡的勇氣。

　　再談談中國那完全脫離任何國際通用衡量尺度、令人匪夷所思的房價。現在中國越來越多的人對此不以為意，反而寬慰道，中國房市情況特殊，房價只會漲不會跌。然而，這句話 30 多年前南美人說過；30 多年前日本人也說過；20 多年前香港人說過；20 多年前臺灣人也說過；10 年前美國人說過；幾年前杜拜人、愛爾蘭人也說過；東南亞人和莫斯科人也都曾說過……大家也都認為，他們的房價只漲不跌。但結果呢，突然間有那麼一天，房價突然掉頭向下……

　　泡沫價格就像狗那樣，有時會跑離主人，但最終會回到主人的身邊。一個地方跑離軌道的房價，也終將會回到合理的價位。比如美國在房市沒有泡沫的 300 年間，房價一直徘徊在平均家庭收入的 1.6 到1.8 倍之間。前些年脫離了這個比值，一度達到 6 倍，但從 2006 年 7月開始下跌，最近又漸漸向平均家庭收入的 2、3 倍回歸了。

總之，「吹鼓手」的話頗對大眾的胃口；而「烏鴉嘴」的話就極不受人待見。但我要說，「吹鼓手」的話倒不一定要去聽，「烏鴉嘴」的話可得好好聽聽。而且，也千萬別跟「烏鴉嘴」爭口氣，否則硬撐死撐，只會把病情越拖越重。有泡沫的話，早破要比晚破好。就像戒毒一樣，越早戒，痛苦越少，越晚戒，就真有生命危險了！

　　再回到我們之前提到的美國國債，草木皆兵的華爾街投資銀行或避險基金對其早已敬而遠之。全世界最大的債券基金公司——太平洋投資管理公司（PIMCO）也正在拋售美國國債。因為他們都意識到，超過 22 兆的美元債務，美國政府怎麼可能償還呢？不要說償還本金了，再過幾年，美國每年的財政收入可能連支付利息都不夠。但在今日的美國，普通百姓沒有感到這種緊迫感，總統似乎也沒有。顯然，債券投資者也不著急。

　　所以，那位「烏鴉嘴」專家在文章開頭希望美國對其國債違約。雖然沒人希望本國發行的債券違約，但如果違約不可避免，那還是早來比晚來好。千萬別心存僥倖！每當泡沫來臨時，總會有人說這次不一樣，我們這裡是不一樣的。可歷史總是驚人的相似，悲劇總是不斷重演，區別只是早晚而已。結果，一次又一次的重蹈覆轍造就了 800 年來的一部金融荒唐史。災難發生前往往是一片平靜，就像日本 2011 年發生的特大地震和海嘯，就在半小時之前還是晴空萬里。

　　不過，這次「烏鴉嘴」的話可千萬別不幸言中。因為一旦美國違約，做為美國最大的國外債主，持有巨額美國國債的中國將損失巨大！而「末日博士」的話也最好當做預防感冒的「板藍根」，好好消化一下。畢竟，在衰退前未雨綢繆，總比之後收拾爛攤子要實在得多。

第 3 章

財經新聞中的
房產問題

除非一年365天每天都露營，否則房子的話題是無法逃避的。

中國一線城市一直都是外來人口最青睞的地方。不過近年來，隨著一線城市的房價猛漲，生活壓力越來越大，終於到了人口轉折點！上海、北京核心區等人口流入速度明顯減緩……這背後顯現出，房價已和中國人民的命運緊緊捆綁在一起。

有房的希望房價天天漲，沒房的等房價跌。有些專家跳出來說，中國的房地產沒有泡沫、中國的房子只漲不跌、投資中國房地產是最划算和保險的理財手段。此時你得留意專家身分，他是房地產公司的高階主管嗎？他暗地裡在炒房嗎？他說的投資房地產是在投資還是在投機？

客觀上，房地產稅在歐美是穩定房價的主因之一，中國可以學習借鏡嗎？如果你已經貸款買房，那麼該如何輕鬆背房貸？對於暫時買不起房子的人來說，難道就沒有別的辦法了嗎？帶著這些問題閱讀本章，再用你的常識加以檢驗，看看是不是柳暗花明又一村了。

1

房價高漲的恐怖常態

12 月已有四地調整房市政策，房價大漲還會捲土重來嗎？

中國證券報 2018 年 12 月 27 日

取消限價全國第一槍來了。

繼菏澤取消限售令後，湖南省衡陽市房地產業協會官方網站發布通知，由於本地房地產已回歸理性，將自 2019 年元旦起將暫停執行限價令。限價主要是針對一手房價格，在本輪調控中，一手房限價成為了抑制房價上漲的重要抓手之一。衡陽由此成為目前首個明確宣布取消限價的城市。

衡陽市發改委與衡陽市住建局聯合發布的名為《關於暫停執行＜關於規範市城區新建商品房銷售價格行為的通知＞的通知》（後簡稱為通知）中明確提出，由於目前衡陽市房地產市場已出現理性回歸，銷售價格也較為穩定，經研究，決定於 2019 年 1 月 1 日起暫停執行《關於規範市城區新建商品房銷售價格行為的通知》（衡發改價控〔2017〕6 號）（後簡稱為限價通知），今後將根據衡陽市房地產市場發展情況及上級文件精神，適時調整市城區新建商品房銷售價格行為有關規定。

發布該通知的衡陽住宅與房地產資訊網主管單位即為衡陽市住建局。截至記者發稿時，記者多次撥打衡陽市發改委和住建局電話均無人接聽。

衡陽市限價令始於 2017 年年底，限價通知內容有八大點，其中的核心內容有以下三點：

一、市城區新建商品房即時銷售價格明碼標價管理（編按：也就是台灣的實價登錄）。

二、開發企業要合理制定銷售價格並申報。申報價格偏高或漲幅偏高的開發專案暫停辦理預售許可申請。

三、開發企業自取得商品房預售許可證後，需在衡陽房產交易網向社會公布，公布價格為樓盤（編按：在進行買賣時對房地產的稱呼）最高價格，開發企業不得擅自在實際銷售價格中突破監製價格買賣。

中原地產首席分析師張大偉表示，從各地政策內容看，房地產調控 2019 年政策取向依然是從嚴為主，但之前過於嚴厲，部分城市房市出現明顯調整，局部市場會有政策微調的可能性。衡陽是一個典型的三、四線城市，市場均價只有 6,000 多，衡陽房價從 2018 年 9 月開始有所回落，當下市場繼續維持限價的意義的確不大。但對於其他城市來說，購房者的預期可能出現微調，對房地產政策寬鬆抱有期待。

||||||||||||||||||||||||

新聞解讀

看懂財經新聞的四大原則：

一、**特別關注壞消息**。你首先應該判斷的是，「調整房市政

策」是好消息還是壞消息，雖然對於不同人來說意義不同，但對於想貸款買房或做與房產有關的投資的人來說，這顯然是值得密切關注的一則消息。

二、專家的話正確聽。這條新聞裡出現的專家，避免不了主觀成分，專家言論兼聽即可。

三、分清投資和投機。還記得我們對「投資」和「投機」的分析嗎？如果你是在合理價位之上買入的，那你就進入了一場擊鼓傳花的投機遊戲，贏得這場遊戲唯一的途徑就是找到下一個接棒的投機客。你的買房、守房和賣房行為是投資還是投機呢？請留意本章節涉及的「售租比」的概念，給你的房產投資把把脈。

四、回歸常識來判斷。銀行收緊房貸，對我的投資有什麼影響？在這種情況下，我該如何操作？其實，這些問題，都可以用最簡單的常識來分析。

與本則新聞相關的財經知識

很多時候，人們不願意聽帶有警示或悲觀口吻的分析和建議，但往往真理就藏在這些「不動聽」的言語中。在前一章中，我們了解到，「烏鴉嘴」經濟學家雖然嘴不抹蜜，卻常常提供給我們最有用的資訊和最實在的建議。中國房價將何去何從？轉折點到了嗎？房產稅究竟是個什麼東西？買不起房的我到底該貸款買房還是租房？相信，讀完本章後，你會對這些問題有一些答案。

深圳市四大銀行降低首套房貸上浮利率（編按：中國的商業銀行在貸款業務中，上調高於中國人民銀行〔央行〕基準利率的信貸政策），廣州開放對商業服務類物業專案銷售對象的限制，山東菏澤取消限售政策，合肥悄悄鬆綁限購……

| 知識點 1 | 不夠有力一致的房市政策

　　國家統計局發布的 70 大中城市房價統計資料顯示，2018 年 11 月份一線城市（編按：中國依據各城市的政治地位、經濟發展、城市規模等進行分類，最高度經濟發展的大城市為一線城市，後續以二、三線等排序）新房價格環比（編按：與上期比較）微漲，但二手房價格持續下降，二線城市一、二手房價格環比漲幅均與上月持平，三線城市環比漲幅均回落。截至 11 月，中國商品房銷售面積增幅降至 2 年來的最低點！

　　由此看來，這一輪房市調控終於初見成效，一些地區房價快速上漲的勢頭得到遏制。加上當前經濟發展的內外部不確定因素增加，經濟運行面臨下行風險，在此形勢下，部分地區的房市調控政策出現鬆動，難免讓市場浮想聯翩，國家會不會為了保經濟而放鬆房地產調控？

　　對此，我的判斷是，上述猜測不過是部分房地產利益相關者和部分媒體的炒作，大家不必多慮。這一輪所謂「史上最嚴」房市調控，恐怕不會那麼快的轉向全面放鬆。而對於局部地區的個別措施，應該具體分析，某些地方的政策變動，屬於對之前嚴厲調控矯枉過正的政策進行修正，是讓一些短期的、不合理的行政措施回歸市場，從這一層面來講，還有很多地方應該對現行的調控政策進行修正，比如限價；而像山東菏澤則屬於三、四線城市，不是主流，不能成為中國房市政策變化的風向標；至於安徽合肥，據媒體報導，官方並沒有發布書面檔，僅是口頭（電話）通知，估計是在探高層的口風，摸政策的底線，如果此時中央再釋放一次堅持房地產調控方向不動搖的信號，可能合肥馬上就會出來闢謠。

知識點 2 扭曲經濟發展的畸形房價

我認為，關於房市調控會不會放鬆、該不該放鬆的判斷，不應該從個別地方曖昧不清的政策調整來看（其中有很大的媒體炒作成分），而應該從以下幾個現實問題來分析。

首先要弄清楚，國家為什麼要調控房地產市場？

過去 20 多年來，由於一些地區過於依賴土地財政，加之炒房資金大舉湧入，導致了房價的畸形快速上漲，老百姓收入房價比越來越懸殊。不但累積了嚴重的房地產泡沫，為總體經濟健康發展蒙上一層陰影，更重要的是，由於房市的抽血作用，嚴重扭曲了實體經濟。

從另一個角度來看，面對巨大的購房負擔，民眾未能享受到這 20 年來國民經濟高速發展所帶來的紅利。根據某智庫研究院發布的 2017 年中國 35 個重點城市房價收入比報告，如果一個家庭（注意不是個人）想在深圳買一套房子，不吃不喝也需要 39.64 年；在上海，不吃不喝需要 27.98 年。買房壓力如此之大，何談人民群眾的幸福感、獲得感？

房價不僅綁架了實體經濟，更是綁架了多數民眾的生活。顯然，決策層早已認識到了這一問題，始於 2016 年 9 月 30 日的本輪房市調控已經 2 年有餘，期間雖多次出現局部政策微調引發的市場關注，但中央一再強調「房住不炒」，多次釋放堅持房市調控方向不動搖的信號。

其次，必須看到，本輪房市調控的目標遠未達成。

目前各地房市銷售及價格總體上只是增幅放緩，實際還在增長，即使有些地區出現價格回落，也是在長期快速高漲基礎上的有限下滑。但與此同時，實體經濟艱難的現狀並未好轉，就連以往風光無限的網路虛擬經濟，近期也出現了裁員潮。

如果此時各地考慮短期經濟成長，打著「因城施策」的大旗動搖「房住不炒」定位，極有可能再次引發房價非理性上漲，使得近 2 年多的調控成果功虧一簣，進而引發更多更大的「次生災害」。屆時，實體經濟將更加困難，這顯然是決策層不希望看到的。

2

綁架生活的買房思維

租房結婚，你願意嗎？

廣州日報 2018 年 10 月 30 日

當下在東莞購買一套 90 平方公尺剛需住宅（編按：指只能遮風避雨、滿足最低需求的基本住宅）、商貸 20 年，月供仍需近人民幣 8,000 元。而租住一套 90 平方公尺的住宅，月租金僅需人民幣 2,400 元左右。對於工作沒多久、收入不高的年輕人來說，是買房結婚還是租房結婚，對生活品質的影響顯然不一樣。於是，越來越多的年輕人接受租房結婚的概念，加上目前購房者對市場的觀望，東莞租房人數大幅上漲。相關研究機構的統計資料顯示，今年上半年東莞租房成交量相比去年同期大幅上漲了 71%，選擇租房住的人數明顯增加。

根據樂有家內部成交資料顯示，東莞的租房成交量在 2018 年上半年有較大幅度上漲，2018 年上半年比 2017 年下半年租房成交量上漲 54%，同比 2017 年上半年則大幅上漲 71%，租房人數大量增加。

金信聯行研究院分析認為，從租房成交量來看，2018 年租

房成交量總體在增加，一方面是因為房市調控政策收緊，有購房資格的人少了，還有更多的人選擇暫時觀望；另一方面，仲介行業因為新房市場冷淡，公司和業務員本身不得不把更多精力放在租賃業務上，促成了租房市場的成交。

||||||||||||||||||||||||||

新聞解讀

看懂財經新聞的四大原則：

一、**特別關注壞消息**。這則新聞看似是一個對社會現象的描述，但卻呈現出人們對於房市和房屋租賃的供需問題。

二、**專家的話正確聽**。這條新聞裡出現的專家，樂有家、金信聯行研究院都是從事房地產相關業務的從業者，在資訊上可參考但需留意背後利益關係。

三、**分清投資和投機**。「買房是最好的投資」的論調，不只出現在新聞媒體，更深刻影響人們的價值觀，然而背後卻可能產生很多的生活與社會問題，這在本章節中將會進行討論。

四、**回歸常識來判斷**。買房就一定是最好的投資嗎？對於是否擁有自住房，應該擺正心態：有能力就買來住，改變生活品質、享受生活；經濟能力不夠的話，也別勉強，免得為了房子丟了更重要的東西。

與本則新聞相關的財經知識

中國媒體曾做過一個「結婚是否必須買房」的調查問卷結果。調查對象為 100 名已婚的 80 後（編按：1980 ～ 1989 年出生的人），

男女各 50 人。72% 的受訪者擁有自己的婚房，23% 的受訪者婚後與父母同住，僅 5% 的受訪者婚後居住在出租房。對於「是否贊成租房結婚」這個觀點，65% 的受訪者表示反對，其中女性占 38%。她們認為，房子是愛情的物質保障，先買房子再結婚，生活才會踏實；如果租房子，就缺乏歸屬感，也就失去了生活的安全感，而且租房子結婚沒面子，會被親友笑話，所以結婚一定得有一套房子。在 72 位擁有婚房的受訪者中，68 人的婚房由雙方父母完全提供或提供首付；61 人有每月償還銀行房貸的壓力；48 人表示每月還貸之後，剩餘可支配的資金有限，生活品質受到影響。

不知何時起，房子已經漸漸成為民生的首要問題。有人說，在當今中國，愛情和婚姻的現實不再是「有情人終成眷屬」，而是「有房人終成眷屬」。望房興嘆的工薪族絕望的發出吶喊：「我們不要房子，要生活！」

這個社會怎麼了，沒有房子的我們可以有生活嗎？

▎知識點 1 成家必須有房的華人傳統

我的同事吉米是蘇州人，交大的電子工程學士，出國前在上海工作，10 多年前移民多倫多，找了半年工作沒有合適的，於是進多倫多大學攻讀碩士學位，畢業後順利的進入加拿大的華爾街——海灣街（Bay Street，所有加拿大大金融機構的總部都在這條大街上）。

某天一早，他突然走進我的辦公室，一副心事重重的樣子。

原來吉米的堂弟要結婚了。他堂弟大學畢業去上海工作，幾年前跟一個東北姑娘戀愛了。他倆月收入人民幣 1.5 萬元，目前租了一套很不錯的公寓同居，房租人民幣 5,000 元一個月，日子過得很瀟灑。按說結婚是喜事，吉米為什麼悶悶不樂呢？

吉米說，他堂弟想把現在租的公寓買下來，市價人民幣 350 萬至 360 萬的公寓，他堂弟向房東砍價到了人民幣 300 萬元（恰好房東早就想賣了，而上海二手房市不佳，房東不想再等了……），首付人民幣 75 萬元，父母、爺爺奶奶、外公外婆掏空所有的儲蓄贊助他，已經湊齊了人民幣 65 萬，就差人民幣 10 萬塊了，開口向他借 2 萬加幣。借出去吧，要是多倫多房價跌下來，他自己也想買房而錢不夠了怎麼辦；回絕吧，到底是一家人，實在開不了這個口。

　　我一算，不對呀。人民幣 300 萬元除以人民幣 5,000 元月租，售租比 600，而合理的售租比最多不超過 200，足足超過了 3 倍！單按這個金融標準算，上海的房價泡沫太大了，租房實在太划算了！為何吉米的堂弟非要買呢？

　　吉米聽完後說要再與堂弟溝通。幾天後他又走進我辦公室訴苦，原來他堂弟和女友已同居多年，就是因為沒有自住房而結不了婚。丈母娘下了最後通牒：不買房子絕不能結婚！

　　我不理解的反問，新房為何非得買呢？在北美，大多數新人結婚時住的都不是買來的新房，而是租房。而且，據親友告知，現在國內新房的設計壽命一般定在 30 到 40 年，最多 50 年，而這房子至少已經 10 年房齡了，也就是說，最多 40 年後這房子就將變成一堆廢墟。花人民幣 300 萬元（別說還要付銀行利息了）住 40 年，每年也要人民幣 7.5 萬元，已經超過租金了；其次，假設將人民幣 300 萬存入銀行，一年利息收入付房租足夠有餘；第三點最重要，從投資的角度來看，所謂擁有房地產，指的是擁有土地。然而在目前的中國，個人是不能擁有土地的，即使買了房子，也不過只擁有最多 70 年的住房使用權而已。因此，對中國人來說，不管是買房還是租房，其實區別只在租用時間的長短而已，誰都不是房子的真正主人！

　　吉米說：「這些我也都知道的呀，我也解釋給堂弟聽了。但我叔

叔第二天來電話開口就說：『我們這一房不能斷子絕孫，借還是不借給句痛快話』。」看來吉米要「胸悶」一陣子了。這錢借了出去就別指望還回來了，成了房奴的人，哪還有錢還吉米呢？

知識點 2 買房貸款造成的高額成本

房子問題真是害人不淺，將太平洋兩岸的老百姓折磨得死去活來。

在這一輪經濟危機中，無數的美國家庭因無力繼續支付房貸，被銀行或貸款機構強行沒收房產。屋主因此喪失抵押房屋贖回權，但銀行沒收房產並非完全合法。美國銀行發生的「機器人簽名」（編按：指銀行行員在簽署協議的時候，並未將個案檔案內容嚴格審視，只是機械式的簽核執行）醜聞，暴露了這一問題的普遍性及嚴重性。

CNN 報導過一個故事，20 年前，道格拉斯從牙買加移民美國，落戶在奧蘭多市。他的貸款噩夢和大多美國中產階級一樣，至今仍被困在糟糕的貸款政策和經濟危機中。10 年前他辦理房貸抵押時，由於信用背景差，無法獲得銀行的固定利率，結果只能從其他金融機構獲得相當高的貸款利率，前 2 年 8.1%，之後每半年上調一次，且只能上調不可下調。

不料經濟危機襲來後，他丟了工作。在沒有收入的情況下，銀行同意「重整貸款」。道格拉斯原以為重整後每個月貸款會減少，結果卻不減反增，他唯有停止供款。給他發放「高利貸」的金融機構是塞米諾爾資金（Seminole Funding）。就像許多次級房貸那樣，他親手簽字的貸款借據被七個金融機構轉手「證券化」，經華爾街重新包裝後，變成了「貸款債券」。這個債券被購買和出售了五次，「遊歷」了紐約、加州和明尼蘇達州後，最終落腳在佛羅里達州的坦帕市。

在道格拉斯違約拖欠 2 年房貸之後，銀行向道格拉斯發出「沒收房屋」的通告，並僱用廉價的「催搬手」，在地區警長的協助下，以冷暴力的方式把他趕出家門。當然啦，拖欠了 2 年房貸，道格拉斯一家早已處於惶惶不安的狀態，哪裡有膽量要求銀行出具原始借據來研究「沒收房屋」的合法性。一家人在驚恐中把房屋鑰匙老老實實的交出去，然後哭泣著收拾家當離開曾經溫馨的家。

道格拉斯只是數千個「機器人簽名」的受害者之一。他的原始貸款憑證，在歷經美國境內的「遊歷」後「失蹤」了。法律專家認為，這種程式背後，銀行沒收房屋其實是非法的，但又有多少人知曉呢？在經歷了數月的追蹤後，美國銀行的辦事員到富國銀行倉庫，花費四小時，終於找到由道格拉斯簽字的借據。美國銀行重新檢查了貸款，看能否給道格拉斯另一個重組方案，但審查結果他不符合資格，此時銀行有了原始憑證，看來道格拉斯註定要失去房產了。

雖然道格拉斯的遭遇令人同情，但對未來潛在的購房者，不能不說是個警示。無論在北美還是中國，很多人都以為買房是積累財富的最佳方式。大家覺得擁有一套住房既能自住又能增值，而租房則虧大了，付出去的真金白銀全在為他人作嫁。而事實上，買房自住完全只是一種生活方式的選擇，是極其奢侈的一種消費，至少在北美就是如此。不信的話，就請看購買一棟獨立洋房 30 年還清貸款的消費成本：

假設 2007 年一棟獨立洋房的市值為：290,000 美元。

頭期款為 20%，即 58,000 美元。

貸款額為 232,000 美元。

利息按年息 6.41%，為 291,000 美元（稅後）。

地產稅 195,000 美元。

保險費（6,000 美元／年）180,000 美元。

保養費（300 美元／月）108,000 美元。

30 年的屋頂維修費和裝修費 300,000 美元。

成本：1,074,000 美元。

從上面的計算可以看出，買一棟 30 萬美元的獨立洋房，居住 30 年的成本超過了 100 萬美元。如果是公寓大樓的話，因為管理費的因素，成本將更高。從投資的角度來說，即便 30 年後房價漲至 100 萬美元，也並沒有帶來投資回報。

在中國，一套像樣的公寓動不動人民幣 2、300 萬元，在北京、上海、杭州更動輒超過人民幣 500 萬元，購房者非但不擁有土地，而且最多只有 70 年的住房使用權。所以對中國人來說，買房和租房的區別只在於租用房產的時間長短，不管是買房還是租房者，誰都不是房子的真正主人。因此，你在不曾擁有土地的情況下購買房子，實際上比買鑽石更奢侈。一旦人們失去對土地的所有權，房子本身與一堆水泥、鋼筋之類的建築材料沒什麼兩樣，就像購買汽車，鑰匙一到車主的手裡，車便立刻折舊。

事實上，在歐美，租房而住者比例甚高，特別是在大城市，租房者超過 50%。普通百姓切忌被「買房是最好的投資」的論調所誤導，不要令自己一輩子成為房貸的奴隸。對於是否擁有自住房，應該擺正心態：有能力就買來住，為的是改變生活品質，享受擁有的快感；經濟能力不夠的話，千萬別勉強，為房子丟了愛情更是不值得。沒有房子也完全可以有自己的生活。換一種生活態度，租房住也可以活得瀟灑快樂，而且在財務上還將獲得更多的自由度。

3

嘗試調控房市的房產稅

列入人大立法規劃，房地產稅要來了？

北京商報 2018 年 09 月 10 日

不斷放出風聲的房地產稅有了時間表。近日，十三屆全國人大常委會立法規劃公布，包括房地產稅法在內的 69 件立法專案處於第一類，即條件比較成熟，擬在本屆人大常委會任期內提請審議，即 5 年內提請審議。不過，房地產稅徵收的難度，當前國民的負擔能力，國內產權的複雜性等問題，5 年裡這些艱難的議題能都順利攻關都還是未知數。

一字之差

此次列入 5 年規劃的一類專案有 69 件，即條件比較成熟、任期內擬提請審議的法律草案；二類專案有 47 件，即需要抓緊工作、條件成熟時提請審議的法律草案；三類專案是立法條件尚不完全具備、需要繼續研究論證的立法項目。其中，房地產稅法被列入一類專案，即條件比較成熟、任期內擬提請審議的法律草案，由全國人大常委會預算工委和財政部負責。

房地產稅終於有了眉目。在北京大學法學院教授、中國財稅

法學研究會會長劉劍文看來，比起此前在上海、重慶試點的房產稅，房地產稅多了個「地」字，但是難度由此極大增加，怎樣處理好土地出讓金和房地產稅之間可能存在的重複徵稅的問題，是現存的一大難點。房地產稅是一個綜合性概念，一切與房地產經濟運行過程有直接關係的稅都屬於房地產稅。這也意味著，「房產稅」其實是「房地產稅」的一個組成部分。

「目前，我國對房地產徵收的稅主要是集中於流轉環節，一般有營業稅、城市維護建設稅、土地增值稅、契稅、印花稅、所得稅6種，有時還有帶有附加性質的教育費附加等，但在保有環節，除了城鎮土地使用稅和對個人所有非營業房產免稅的房產稅，基本沒有針對居民住宅保有環節所徵收的稅。」太平洋證券總體分析師肖立晟表示。作為保有環節的重要一環，房地產稅正是補齊立法框架內缺失的重要一環，針對保有環節開徵房地產稅的主旨既是為了完善稅制，也是為了補上財產稅的缺失。

|||||||||||||||||||||||||

新聞解讀

看懂財經新聞的四大原則：

一、**特別關注壞消息**。在本則新聞中指出，房地產稅的實施在中國將有所推進。

二、**專家的話正確聽**。不論本則新聞中北京大學法學院教授、中國財稅法學研究會會長是否有利益衝突、太平洋證券總體分析師是否是從事房地產相關業務的從業者，他們在新聞提供的訊息偏向客觀資訊，可以適當做為參考。

三、**分清投資和投機**。房地產稅的徵收政策若能適當設計執

行，將能減緩房市炒作投機的狀況，讓房價理性回歸。

　　四、回歸常識來判斷。在中國，巨大的貧富懸殊最顯著的體現在房產上，徵收房地產稅的究竟是否能改善貧富差距、緩解惡性炒房？這就有待政府後續推行結果。

與本則新聞相關的財經知識

　　從 2016 年開始，中國財政部長樓繼偉就在 G20 會議上表示，會義無反顧的改革房地產稅制。唯有這樣才能更好的了解收入分配問題。徵收房產稅引來了民間的各種爭議，有人甚至質疑，房產稅究竟是打擊為富不仁者還是打擊普通老百姓，抑或是一種變相的掠奪財富？以往調控政策的結果往往是房價越調控越漲，那麼房產稅會起作用嗎？

　　在談什麼是房產稅之前，先談一下完全擁有地權和土地租借權之分別。

　　在歐美買房時，有時候會遇到所買房屋是否「完全擁有地權」（Freehold Land）或者屬於「土地租借權」（Leasehold Land）的情況。有時候買下的房子，最後自己並不完全擁有土地。

　　土地租借權的房子，買家不能永遠擁有土地，通常是有個年期的限制，比如：99 年。也就是說，你有 99 年的時間租借該土地，99 年後，該土地還是會回歸原來的主人。一般來說，價格比完全擁有地權的房子要低很多。

　　完全擁有地權是指房屋買家購買的物業，包括土地和房子，都完全是屬於買家所有，沒有任何時間限制。完全擁有地權的物業可以包括獨立房屋（Single Family House），城市屋（Townhouse），公寓（Apartment Condo）。完全擁有土地權的物業，也有可能會被政府

徵用土地，或者部分土地（Easement）做為建築公用設施用，比如，建設高速公路，地鐵等。一般來說，完全擁有地權的房子的價格比土地租借權的房子要高很多。

知識點 1 透過政府徵稅來限制房價

在歐美，房地產稅（Real estate taxes）通常被稱為物業稅（Property taxes）。而物業稅可以分為兩種類型：一種是不動產稅（Real property taxes），對包括土地、改善結構或附屬建築等徵收；而另一種是個人財產稅（Personal property taxes），對不包括土地的房產、汽車、商業及工業設備等徵收。

在這裡，不動產是一個民法概念，它所定義的是土地，以及在土地之上的房屋等不可移動、有固定地址的建築物；而在吉尼斯係數（編按：所得分配的公平程度的指標）中，物業也就是房產（不包括土地），屬於最奢侈的消費品之一。目前中國所指的房產稅，就屬於後者。

在美國，每個州對物業稅和個人財產稅都有詳細的法律定義。通常由當地政府（市級或縣級）對房產徵收物業稅，各州的稅率也不盡相同，依照房產的價值大約在 0.2% 和 4% 之間。

而如何來確定物業的稅率，包括了兩個部分組成：改善結構或建築的價值，以及土地或地段的價值。物業稅主要用來支持當地的教育、員警／消防、地方政府、一些免費的醫療服務，以及地方的基礎設施……

在中國，由於收入一次分配環節還不夠公平，造成了巨大的貧富懸殊，最顯著的體現就是不同的階層，在房產占有上表現出財富的巨大差距，使大家的眼睛都盯在了房子上。

針對當前中國房市的狀況（比如房價過高），對是否應該徵收房產稅，以及如何徵收，各方的爭論相當激烈。我個人認為，房產稅的政策如設計執行得當，可以使房價理性回歸，並可促進中國經濟可持續的健康發展。而如何抑制貧富差距過大的問題，稅收是最溫和的手段，也是妥協的產物。

　　因此，徵收房產稅應該以加重持房成本、遏制投機炒房為目的——逼出空置房，而不該加重房奴的負擔。也就是說，對自住房不該徵、或少徵稅；對擁有第二套以上、尤其是空置房，應該加大稅率，以階梯式徵稅的方法加大持房成本，逼著炒家要麼賣出，增大房屋供應量，以降低房價；要麼出租，加大租房市場的供應量來平抑房租。

　　比如，就前幾年被炒得沸沸揚揚的「房姐」（編按：擁有多套房產的人）事件來看，假如對「房姐」囤積的一萬平方公尺的樓房加以徵收房產稅，如果按每平方公尺人民幣3萬元、以每年2%的房產稅來計算，每年就將繳稅人民幣600萬，「房姐」的持房成本將大幅提高。

　　不過許多人擔憂，開徵房產稅會傷及普通百姓，比如房產稅是否會提升房租，或提高房價。這種擔憂是有道理的。不過，房產稅和個人所得稅一樣，關鍵在於起徵點。假如你的工資收入未到個人所得稅的起徵點，個人所得稅根本和你無緣。而如果將房產稅從第二套，甚至第三套房為起徵點，並實施階梯式稅率，則房子越多，稅率越高。

　　事實上租房市場是個有效市場，只有供不應求房租才會上升。而實施房產稅，恰恰可以增加住房擁有者的持有成本，逼出大量的空置房進入市場，或出租，或出售，不僅會迫使房價的理性回歸，更會降低租房價格，能使普通百姓受惠！

　　另外，以歐美的經驗，每年房租的漲幅都受到政府限制。如果中國在房產稅推出的同時，政府也能同時限制房租的漲幅，並將房產稅

的一部分用於廉租屋（編按：台灣的社會住宅）的建設，房租就更沒有上漲的可能了！

事實上，中國政府早就意識到房產過熱之弊端，總體調控也已多年，但為何房市泡沫一直擠不掉呢？我認為是調控手段和預期目標相差甚遠。而開徵房產稅是見效最快、也是最方便的操作調整方案：首先向空置房徵收高額房產稅，如此政府既可以快速獲得大量稅收，還可彌補因地價下跌帶來的財政損失；以此杜絕投機炒房，根治高房價帶來的各種弊病。他山之石，可以攻玉。只要中國結合自己的特殊情況，巧用房產稅，房價的理性回歸是完全可能的！

知識點 2 租金反映真實的供需關係

我對北美的房市頗有研究，先談談美國的情況，就拿美國當做中國的一面鏡子吧。其實，美國從英國殖民地到獨立直至 1971 年之前的那 300 年間，房價一直維持在平均家庭年收入的 1.6 到 1.8 倍。普通家庭一般不用借貸，只需存幾年錢，就能買下一棟屬於自己的房子。

然而，到了 1971 年，美元與黃金脫鉤了。於是，從理論上來說，美國可以無限制的印鈔票。這時，政府做為監管功能的角色開始喪失。解禁放鬆金融管制的國策始於雷根政府，並伴之於尋求保守的傳統價值觀和恢復自由市場的口號，因此被稱為雷根革命。這一「革命」之舉又被布希和柯林頓政府進一步推向了高潮。金融機構知道發大財的機會到了，他們一改嚴格審批貸款的政策，誘騙百姓借貸買房。也就在那時，「用明天的錢圓今天的夢」的口號開始出現。於是從 1971 年開始，美國房價的上升逐漸超過了收入的上升，從 1.6 倍一路上升到 3 倍、4 倍、5 倍、6 倍……而隨著 2008 年金融海嘯發展

到經濟危機，美國房價一路下跌，許多地方已經跌掉了 50% 以上仍未見止步。在這次金融危機中，無數美國人的「今天的夢」在明天醒來時看到的居然是殘垣破壁——房子被銀行收去拍賣了。

如果大家都不靠借貸，那麼房價的漲跌就只能隨著收入的漲跌上下起伏，反映的是合理的供求關係，就像房租那樣。在過去 10 年裡，中國房價一路飆升，上海平均房價從每平方公尺人民幣 7,000 多元漲到 2018 年的人民幣 5 萬元上下（https://www.anjuke.com/fangjia/shanghai2018/），而房租雖有上漲卻遠未跟上房價的步伐。這是因為租金不能借貸，必須支付現金，租金所反映的是真實的供求關係。

房市和股市不完全相同，但也有相似之處。一旦投機者退出，房價跌起來也是非常可怕的，會一路下跌，直至回歸合理價位——也就是最權威的房價與房租之比。

│ 知識點3 讓房價與房屋稅並行的歐美作法

我們在前面的篇章中提到過國際最權威的售租比，房價除以月租金即為售租比，超過 160 倍則是泡沫的開始。如果以這個售租比來看，即使在 2005 年，中國一線大城市就已經有泡沫了。但也就是從 2005 年開始，中國房價開始瘋狂飆升。雖然政府不斷提出調控措施來抑制房價，可房價是越調越漲。然而在美國，即使在次貸危機爆發之前房價處於最高位時，售租比也只剛超過 200 而已，比之上海、北京的 500 至 800 倍以及高檔公寓和別墅的上千來說，簡直不值得一提。為什麼中國的售租比和歐美國家相差巨大，這和徵收「房產稅」的因素很有關係。

歐美普遍徵收高額房產稅。在歐美，只要是私人的房子，即便房屋的主人已經去世，也必須繳納房產稅，每年繳納的稅率從 1% 到

3% 不等，平均為 2%。假如你花 20 萬美元買了一棟房子，那麼，你每年就要為這棟房子繳納 4,000 美元的房產稅，且房產稅的徵收是根據你所擁有房子的實際價值來徵收的。也就是說，房價越漲，房產稅越高。如果稅率為 3% 的話，哪怕房價不漲，每 33 年（即使不算貸款利息）你的實際付出，便已超過了房價的一倍。

舉個我好朋友的例子，為了讓孩子能在好學區受教育，夫婦倆 12 年前在紐約上州買下一幢 50 萬美元的房子。這棟房子與比爾‧柯林頓總統退休隱居的地方是同一個社區，可以算是柯林頓夫婦的鄰居，可見地段之好。前幾年房價猛漲，他們房產的市價一度高達 100 萬美元。

有一次聚會相見，我恭賀他們成為「百萬富翁」了！沒想到他們苦笑道：「有什麼好祝賀的。這幾年 Property taxes（房產稅，更確切的翻譯應為『財產稅』，房產稅屬於其中一類）隨著房價年年漲，本來 1.5 萬美元的稅，現在房價升到 100 萬美元，每年要交 3 萬美元的稅。再這樣下去，明年我們可能就住不起啦！」他們話音未落，「幸好」房價開始下跌，目前他們房子的市值，已回落到 6、70 萬美元，夫妻倆這才鬆了口氣。

房產稅在西方實行了多年。在北美，房產稅分不同地段好壞，每年將房價 1% 到 3% 的稅金繳給政府。很顯然，房地產稅的「奧祕」就在於隨著房價的上升稅額也跟著上升，一直升到房主付不起為止。

付不起怎麼辦？無非兩種選擇：房主最後要麼賣掉房子搬離喜愛的區域；要麼將賣不掉的房產乖乖的、無償的奉送給政府。「房產稅」這把利劍真可謂劫富濟貧的奇招。

知識點 4 房產稅是劫富濟貧的好方法

雖然無法完全把歐美的情況照搬到中國來，但我們仍然可以從歐美的經驗中看出一二。

在歐美，房子和汽車一樣屬於消費品，並不是投資品，房價是進入 CPI（編按：消費者物價指數）加以計算的。所以，一旦房價高漲，CPI 超過 5% 的話，便屬於惡性通膨，政府就非得出重手。比如雷根時代，美國一度惡性通膨，雷根政府便連續加息，一直加到18%，硬生生的控制住了通貨膨脹。同時，因為借貸成本太高，房價應聲回落。

歐美政府在徵收了高房地產稅之後，提供大量各種類型租金穩定的房子，使大多數民眾並不需要非得購房而居。在德國，有高達57%以上的人一輩子租房而住。即使在地廣人稀的美國，在次貸危機爆發之前，擁有房子的屋主破了歷史最高紀錄，可依然有超過 33% 的人租房而住。在歐美，租房還是買房，對大眾來說只不過是對生活方式不同的選擇而已。無論在理財上還是其他方面，並無優劣之分。

如果真想調控房價，歐美平均 2% 的房地產稅是一個控制房價的平衡器。此外，房貸利息的隨時上漲以及政府「劫富濟貧」所推出的大量廉租屋也是兩大抑制高房價的方法。升息的結果就是收緊信貸，斬斷了「血液」的供給。華爾街有一個模型，房貸利息每升 1%，房價就會下跌 5% 到 10%。真所謂「成也蕭何，敗也蕭何」。當初吹大房市泡沫，就是低息放鬆信貸立了「頭功」。

這三種利器糅合在一起，好似絞索一般套住了房價的惡性攀升，所以，歐美的房價不可能像中國那樣漲到天上去。他山之石，可以攻玉。如果中國希望遏制投機炒房，使房價回歸正常的水準，不妨全面借鑒歐美這三個方法。

知識點 5 國際上徵收房產稅的狀況

美國：徵收個所稅和不動產稅

在美國涉及房產的稅主要是個人所得稅和不動產稅，而買賣過程中幾乎涉及不到其他稅。每年的春季，由自己報稅。房產如果持有 2 年以上（以過戶時所發的房契時間為準）再出售的，夫妻倆可以有 50 萬美元的免稅額，即如果房產增值沒有超過 50 萬元就可不繳稅。而單身的免稅額在 25 萬美元。如果超過此數目，聯邦政府要對漲價部分徵 20% 的個人所得稅。如果持有時間不滿 2 年，兩者漲價部分全部要交 20% 的個人所得稅。但裝修以及其他改善房屋的費用和貸款利息扣除。

此外，擁有房產後每年繳不動產稅給州政府。各州稅率有所不同，徵收幅度在房產價值（政府一般每 2 年左右評估一次）的 1% 到 3% 之間，分兩次付清。

法國：按土地出租價值徵稅

房地產稅的徵稅根據是土地的出租價值，包括「未建成區的地產稅」、「建成區土地稅」和「住宅稅」。按規定，「未建成區的地產稅」由空地的所有者繳納稅金，其稅金減免部分是 20%；「建成區土地稅」由建築物（住宅或其他建築物）的屋主繳納稅金，其租金減免部分是 50%；「住宅稅」由住宅居住者繳納稅金，但沒有減免部分。

在上述三類房地產稅中，前兩類是由屋主繳納，後一類由居住者繳納，由屋主繳納的兩類考慮了屋主的成本，因此有減免部分，而由居住者繳納的一類則沒有減免。

韓國：徵收綜合不動產稅

韓國政府在 2005 年徵收「綜合不動產稅」時已經有財產稅。比如一套 1 億韓元以上的住房每年要徵收 0.5% 的財產稅，不過由於徵稅的標的房價不到市場價的 50%，所以實際稅率只 0.2% 左右。

綜合不動產稅是在財產稅之上額外徵收，韓國政府把稅款分配到各個地方政府，幫助縮小地域之間的經濟發展差距。徵稅物件是 6 億韓元以上的住房，稅率是 1% 至 3%。但由於徵稅的標的房價是市場價的 60% 至 70%，實際稅率要低很多。在 2007 年，綜合不動產稅實際稅率達到最高峰的 0.87%。從 2008 年開始實行減稅政策，調整了綜合不動產稅，把徵稅物件上調到價值 9 億韓元以上的住房，把稅率下調到 0.5% 至 1%。

荷蘭：鼓勵出租分類課稅

荷蘭對房屋課徵的稅收：第一種是房屋消費稅，對房屋使用者課徵。第二種是地方政府課徵的財產稅，主要課稅對象是房屋。另外，中央政府徵收的淨值稅也包括對房屋徵稅。

房屋消費稅徵收的納稅人是房屋消費者或使用者，包括自用房屋和租用房屋的人。稅率是比例稅率，計稅標準為房屋租金和房屋內使用的家具的價值。允許從租金中扣除一定數額，就其餘額課稅。

財產稅屬地方稅收，物件包括土地、房屋等不動產和某些動產。主要是房屋，故對許多土地有免稅規定。房屋價值由地方政府參照房屋的市場價值評估確定，稅率由各地政府自定。

中央政府徵收的淨值稅包括個人住宅和營業用房。營業用房有減免，13.1 萬荷蘭盾以下的房屋免稅，超過 13.1 萬荷蘭盾的減徵 40% 的稅款，減免稅額最高不得超過 58 萬荷蘭盾。對低收入者以房屋租賃維持生存都給予減稅照顧。對營業用房及低收入者有減免規定，但對個人住宅則沒有。這種稅收政策尤其鼓勵低收入者出租房屋。

加拿大：100% 物業徵稅

溫哥華地產財政的主要來源是地稅（物業稅）收入，約占總財政收入的58.4%。地稅不是按土地面積徵收，而是按物業的總價值（土地和房屋）的情況，按不同稅率徵收，以此抑制貧富差距無限拉大，並通過對貧苦居民的福利補貼來保持社會的基本平衡。

溫哥華市政府對物業管理非常嚴格，對房地產每年評估一次，評估由政府主持，費用也由政府負責。以土地和房屋的評估總值的0.5%至15%，根據屋主的不同情況徵收，自己居住、自住加出租、商業性等不同用途的地產，其房地稅也不相同，對擁有第二套住宅的人還以高稅率徵收。

紐西蘭、澳洲：不動產稅率最高 1%

紐西蘭和澳大利亞買賣房屋時也不涉及什麼稅，只是賣家涉及個人所得稅。如果一個人擁有幾套房產，稅務部門就會對其格外關注。在每年3月報稅時，如果對獲利隱瞞不報的，處罰非常嚴，甚至坐牢。不動產稅則是政府根據房屋的占地面積和每年進行評估的房屋價值按0.3%到1%徵收。

（編按：台灣的房地產稅是分開為地價稅與房屋稅，而若是牽涉到房屋買賣，則還有土地增值稅〔賣方負擔〕、契稅與印花稅〔買方負擔〕。地價稅在自用住宅為2%稅率、一般用地為10%稅率；房屋稅的自用稅率為1.2%、營業稅率3%、非自用營業稅率2.4%。一般來說，若將房屋出租，需繳納房屋稅為2.4%或3.6%與地價稅10%至55%不等，且租金收入需全額列入個人所得稅中，但若協助政府公益出租，公益出租人的房屋稅率為1.2%、地價稅為2%，且在個人所得稅上每屋每月租金收入免稅額度有1萬元。）

4

房地產政策的實際案例
——德國

新聞案例

德國人為何偏愛租房

北京商報 2017 年 03 月 02 日

德國房屋租賃市場以居民偏好租房、租賃市場完善、租金管制規範著稱。業內人士認為，完備的法律法規使住房市場租賃雙方的權益都得到有力保障。

科勒是一名德國高級工程師，月收入超過 1 萬歐元。他告訴記者，雖然自己有能力購置房產，但由於工作地點一換再換，選擇租房給了他很大的靈活度。此外，由於不用背上沉重的房貸，每年都會與家人去國外度假至少兩次，這樣的生活比買房還貸的生活品質更高。

與科勒一樣，很多德國人都願意租房。同其他國家相比，德國住房擁有率相對不高，租房成為許多人的首選和住房市場的重要內容，這與租客和房東得到法律保護密不可分。據安家置業德國房地產公司總經理張琳介紹，德國對租金的管制有嚴格規定；在大城市住房缺乏的情況下，德國對旅遊短租也加以控制，比如首都柏林的屋主不得擅自將自有房屋以旅遊短租目的向外出租，

違者將被處以數額極高的罰款。

德國非常注重保護租客的合法權益，無論在居住環境方面還是在基礎設施及住房品質等方面都有嚴格把控。只要居民合法納稅，租房者與買房者享受同等的公共權益。根據德國相關法律規定，多數情況下房東無權隨意解除租賃合同，除非房東自用。因此，大多數租客會與房東簽訂 5 年甚至更久的租房合同，以期減小房租上漲帶來的額外支出。同時，德國租客在搬入只有四面白牆的空房子後會出資裝修房屋、買家具，把租的房子當成「自己的家」。

在租賃市場交易環節，德國的相關法規也充分照顧租客權益。張琳介紹，德國近年發布的相關條例規定，租房仲介費改由房東承擔，租客只有在專門授權給仲介找房的情況下才需要負擔仲介費用。

當然，房東的合法權益也會得到足夠保障。以德國租房較難的城市慕尼黑為例，一旦有好房出租，房東將首先要求獲得有意承租者的重要個人資訊，包括工作證明、個人徵信紀錄、前房東推薦信等。在退租的時候，房東有權要求租客還原房屋，包括粉刷牆壁、修理地板等。

如果租客連續 2 個月沒有把租金付全，屋主可以要求租客搬走，通過法院強制執行的費用約為 3,000 ～ 6,000 歐元。張琳表示，由於成本較高，很多房東只有在萬不得已的情況下才會採取這種方法。

此外，租客在租賃關係開始前一般會交納 3 個月房租做為押金；對於名下出租房屋較多的房東，在德國可以購買保險，以降低房屋空租情況下的損失。由此可見，全面平衡考慮以保障租客和房東雙方權益，也是德國維護良好租賃關係的作法。

||||||||||||||||||||||||

新聞解讀

看懂財經新聞的四大原則：

一、**特別關注壞消息**。在本則新聞中重點為「德國房屋市場偏好租房」。

二、**專家的話正確聽**。本篇新聞中沒有特別的專家，但德國目前的租房政策與法規，可以做為比較的借鏡。

三、**分清投資和投機**。在德國，租房比起買房，更是一種合理的資金運用方式。

四、**回歸常識來判斷**。中國有一句老話，叫「居者有其屋」！這句話有多種解釋，其實，租房而居也可稱為「居者有其屋」，不過很多人不同意。反對者認為：在一個和諧的社會裡，需要大部分人擁有屬於自己的房子，這個房子不能是租的。只有擁有了自己的房子，人心才會安定，回到家裡才會有歸屬感。上述的「居者有其屋」之詮釋，可能是一個事實，但是，這個詮釋並不全面。租房與自己擁有房子，只是選擇不一樣的生活方式而已，租房而居不一定就缺乏歸屬感，而且租房也可以維持和諧的社會。

與本則新聞相關的財經知識

知識點 1 避免房市泡沫維持經濟健全

大多數德國人不會為了買房而煩惱，這是一個不爭的事實。追根

究柢是因為在德國，居住自有產權的房子，不像在美國或英國那麼重要。德國的房屋擁有率，在發達國家中排名是最低的。

據經濟合作暨發展組織（OECD）的資料顯示，2013 年，德國的房屋擁有率僅為 43%，到 2015 年也只有 51.8%（而美國是 64.5%，英國 64%，加拿大是 67.6%，日本是 61.6%，法國是 65%，義大利是 72.9%。中國 2014 年是 90%）。

這在一定程度上是由歷史的原因造成的。

因為德國的許多城市在二戰中被摧毀，戰後自然需要建造房屋。在政府慷慨補貼的扶持下，公共、合營與私人開發商僅用幾年時間，便建造了數百萬套出租房；同時，租房市場受到嚴格監管，租戶受到一整套法律的保護。

比如，大多數租房合約都是沒有固定期限的，只要按時交房租，房東幾乎無法終止租房合約，租房是一種絕對舒適的選擇。

其次，抵押貸款融資也很重要。在德國，房地產貸款通常不像其他國家那麼容易獲得，貸款提供方一般要求貸款者至少支付 20%、甚至高達 40% 的頭期款。

這就導致了抵押貸款的再融資──英美兩國借款人對於利率下降的通常反應──在德國幾乎不可能實現。消費者在自家房產升值後，再次貸款的情況也很少見。因此，降息效果傳導至整個房市系統所花的時間，要比英美市場長得多得多，也就是說，降息導致住房市場繁榮的可能性的概率極低。

根據德國央行的資料顯示，儘管利率超低，但 2013 年私人家庭住房貸款額僅增長 2%。除東德地區房價曾短暫上漲外，德國在戰後歷史上從未出現過大規模的全國性房地產繁榮，也正因如此，德國經濟也長期保持著可持續健康發展的趨勢。

儘管這些資料可能稍有老舊，不過，房屋所有權的擁有率對健康

的經濟而言，是一個重要的指標嗎？經濟學家格什溫曾寫道：「它不一定如此。就好比德國的房地產市場所展現的那樣。」

在西班牙，大約 80% 的人擁有自己的房子。但是，由於巨大的房地產泡沫破裂，失業率接近 27%。反觀德國，只有 51.8% 的人居住在自住房內，德國失業率僅為 4% 左右。

知識點 2 滿足人民基本需求穩定社會

為什麼德國人傾向於租房而居？然而事實證明了，德國在 1930 年代末和 1940 年代後期，房屋租賃市場遭遇過極其不愉快的經歷。

在 1945 年 5 月，當德國無條件投降之時，德國 20% 的住房是瓦礫。大約有 225 萬個房屋不見了，另有 200 萬人受傷。在 1946 年的一次人口普查中顯示，最終（西德）需要增加 550 萬套住房。

當年的德國，唯一破爛的不僅是房屋，經濟也是一團糟。金融市場融資無效，貨幣幾乎毫無價值。德國人如果想要有地方居住，政府的住房計畫是民眾唯一可依靠的途徑。

1949 年西德成立後不久，政府推行了第一部住房法，旨在促進房屋的建設：「就其功能、尺寸和租金而言，目的必須適用於廣大民眾。」

在政府慷慨補貼的扶持下，以及與稅收減免相結合，公共、非營利和私人開發商僅用幾年時間，住房建設蓬勃發展。到了 1956 年，西德住房短缺現象減少了一半，1962 年短缺數量約為 658000 套。絕大多數新住房都是租賃的。

為什麼呢？因為潛在的買家極少。德國的抵押貸款市場非常脆弱，銀行要求購房者投入巨額頭期款，才會發放貸款，只有少數德國人有足夠的錢。

值得注意的是，德國並不是二戰後唯一出現住房危機的國家。英國也有類似的問題。英國政府也以大規模的支出來推動住房建設。然而，英國的房屋擁有率約為 64% 遠高於德國，民眾並不樂於租房而居。

為什麼會這樣呢？因為德國的租房市場更為合理。經濟學家認為與其他許多國家相比，德國的住房政策在政府參與和私人投資之間，取得了更好的平衡。

例如，當英國政府給予住房補貼以鼓勵戰後重建住房時，只有公共實體部門、地方政府和非營利性開發商，才有資格獲得這些資助，這有效的將私營部門擠出了租賃市場。

在德國，公共政策的作用是遵循第三種方式，涉及了通過以「嚴厲的干預使市場崩潰」，或者在「以不受控制的方式扼殺崩潰」這兩者間，找到敏感的平衡點。

但是，英國對公共住房的開發商，施加了嚴格的租金和建築成本上限。在這些限制下，住房的品質受到影響。隨著時間的推移，公共和私人融資建設之間的差異，變得非常明顯，以致於基本上由公共資助的出租住房，獲得了一個瑕疵的稱號——窮人的住宅。

此外，德國放寬對租金上限的監管，也比其他許多國家來得早。與此形成鮮明對比的是，英國對租賃住房的嚴格管制，一直延伸到了 1980 年代，令屋主減少了對房屋的維護，並導致住房品質的進一步下降。

當然，由政府推動的所有這些政策設計，其中的細節很耐人尋味。不過德國租房的普及，可能有一個更簡單的解釋，那就是租房相對於其他國家來說：很便宜。

知識點 3 降低失業率以促進國家發展

首先，即使德國的政策可能比其他國家稍微平衡一些，它的租賃市場仍然受到強有力的監管。而且這些法規對租戶來說相當有利（鑒於德國強大的政治選區租戶代表，這應該不會太出人意料）。例如，德國法律規定，州政府 3 年內租金上漲不能超過 15%。

其次，還有一個非常簡單的原因，使得德國人不想擁有產權房。因為政府並不鼓勵。在德國，擁有房屋幾乎得不到任何補貼。德國與西班牙、愛爾蘭和美國等高房價的國家不同，德國不允許房主從稅務中扣除抵押貸款利息（關於歐美稅務體系的細節，篇幅有限就不贅述）。如果沒有稅務扣除的優惠，「擁有」和「租賃」在稅務上的利弊，就顯得毫無差別。

德國的這些法律規定，使得住房租賃市場的供應量穩定，租金漲幅很緩慢、房價上漲速度也非常緩慢。而且由於很多人購房的主因之一，是為了避免房租的過快上漲。而德國租金的緩慢上漲，也是導致購房者減少、房主擁有率下降的主要原因之一。

另外，還有一些因素對健康的住房市場，也有著不可磨滅的貢獻。例如，德國銀行厭惡高風險，使得購房者越來越難以獲得抵押貸款。

其實，德國人在住房上的支出（按照可支配收入的百分比），並不比房地產瘋狂的國家低，比如美國、西班牙和愛爾蘭。但鑒於近年來美國、西班牙和愛爾蘭遭受的經濟衝擊，德國的住房方式現在看起來更是相當得不錯。

德國人清楚的知道，他們國家的住房系統是如何運作的。根據經合組織的資料顯示，超過 93% 的德國受訪者表示，他們對目前的住房狀況感到非常滿意。這比愛爾蘭人和西班牙人——房屋所有權更廣

泛傳播的國家，人民看上去更加幸福。

上面主要談了德國的房屋租賃市場，而國外有很多城市、特別是大城市中的大多數人也都是租房而居，而不是擁有產權房。

如我曾經住過居住 6、7 年的紐約曼哈頓。

眾所周知，紐約曼哈頓是全球最富有、最有活力的城市，更由於聯合國總部設在其中，甚至有「世界之都」之稱。不過，可能很多人不知道在曼哈頓生活的人，高達 90% 以上的居民都是租房而住。

曼哈頓的房價之高令人震撼，一套百萬美元以上的公寓稀鬆平常。我在曼哈頓生活的那些年，一直租公寓居住。最後那幾年每年租金超過 3 萬美元。許多親友大惑不解，時常問我為何不買房，每年的租金不是「白扔了」嗎？當我告訴他們，在曼哈頓就是百萬年薪的華爾街大戶、銀行家，都是租房而住時，親友們頭一個反應以為我在「欺騙」他們。

事實上，曼哈頓的房產稅高達 3%，如果買下當時我所租的公寓，至少 100 萬美元，每年單交房產稅也要 3 萬美元，再加上每月幾百美元的管理費，1、200 美元的水電費，從金融角度而言，根本是「得不償失」，這也就是為何 90% 以上的曼哈頓人甚至一輩子都租房而住。

宋美齡女士當年居住在中央公園邊上的那套頂層複式公寓（Penthouse），價值 7、8,000 萬美元，每年房產稅要交 200 多萬美元，就是送給你也住不起。

可能也正因為這個原因，20 世紀初，紐約市區人口大約 800 萬，今天還是 800 萬，真可謂「鐵打的營盤流水的兵」。雖然每天不斷有新移民進入，同時也不斷有相當數目的「舊」人離開。而且，曼哈頓的活力就在於人口的不斷流動。

哈佛大學曾經一項研究結果指出，一般而言，要維持一個城市

（或地區）的活力，租房和買房的比例在一比一時最佳。年輕人，特別是單身人士和無孩子的夫婦適合租房；只有孩子多的家庭才適合買房。住房擁有率太高的地區，其發展速度往往會下降。

經濟學家安德魯・奧斯瓦爾德（Andrew Oswald）更明確指出，在美國和歐洲，擁有住房的比例與失業率成正比，那些擁有住房率更高的地區，失業率也更高，因為擁有住房把人們固定在了一個地區，迫使他們在當地尋找工作，無論他們是否有適當的技能，也無論這裡的經濟是處於繁榮還是衰退。之前提到的德國和西班牙的住房擁有率和失業率，正好印證了這一點。

總之，但凡一個城市（或地區）租房率高的原因，其房屋租賃體系或多或少和德國類似，特別是對租房客的各種優惠。也就是說，剖析了德國這一隻「麻雀」，也就基本了解其他國外大城市的情況了。

5

沒有比較差的租房經濟學

2 億租客新困擾：個稅抵扣幾十塊房租上漲幾百元

中財網 2019 年 01 月 09 日

真金白銀還沒有落袋，憂慮倒來得痛快直接。

眼下，數以萬計的租房客們正面臨著「個稅（編按：個人所得稅）抵扣幾十元、房租卻上漲幾百元」的困擾。不少租房人在填報住房租金資訊時遇到阻礙。

個人所得稅專項附加扣除政策 1 月 1 日正式實施，包括住房租金等六項專項附加扣除可謂新年大禮包。孰料，這竟演變成了租客和房東之間的博弈。

在北京工作的小楊便是這樣一例。最初，小楊得知個稅改革時滿懷喜悅，他盤算著每月到手的工資會多一些。但當他聯繫房東，希望獲得對方資訊以填寫個稅專項附加扣除資訊表時，卻是一波三折。

先是房東壓根不回覆，回覆了又藉口說忙。幾天過後，在小楊反覆撥打電話之後，房東給他發來一個陌生人的姓名和身分證號。

小楊這種結果算是好的，很多租客直接被房東懟回去：「你要是申報租房抵扣個稅，房子就不租給你了！」、「如果你申報租金扣除，稅務局收稅的話，我會把錢加到房租上。」

在過去，對於個人的租房收入幾乎是沒有納稅的。有業內人士認為，此次個人所得稅改革，很可能是稅務部門加緊向房東徵稅的第一步舉措。但是，未來房東增加的稅收誰來負擔，這便是租客和房東們博弈的關鍵所在。

如果享受到房租抵稅這一紅利，能省多少呢？按照新個稅法，在北上廣深等一線熱門城市以及省會城市的租房客，每月可扣除 1,500 元的計稅額，算下來，每月到手工資會多幾十塊錢。

然而，面對未來房租可能上漲幾百元的淫威，不少租客乾脆放棄。在房東面前，租客毫無籌碼可言。

||||||||||||||||||||||

新聞解讀

看懂財經新聞的四大原則：

一、**特別關注壞消息**。在本則新聞中提到，政府針對個人所得稅專項附加扣除政策的美意，反而使得很多買不起房的租戶，面臨了個人所得稅抵扣幾十元、房租上漲幾百元的窘境。

二、**專家的話正確聽**。本篇新聞的業內人士的說法，指出了目前房客與房東之間的衝突。

三、**分清投資和投機**。對歐美而言，房地產對普通人而言並非投資的選項，而是生活方式的選擇，就像是高檔消費品一樣；但在中國，房子不但是投資產品，甚至還是投機商品。

四、**回歸常識來判斷**。不但買不起房，租房成本還提高了，

物價同時又節節攀高，對於一般人來說似乎更難生存了。本章將針對這個難題說明，提供讀者相關知識與資訊，以利常識判斷。

與本則新聞相關的財經知識

隨著畢業季帶來的大量新增租賃需求，上海房租迎來新一輪上漲。2018 年 6 月，上海房屋租賃指數為 1898 點，比上月下降兩點，環比下降 0.11%，降幅較上月縮小 0.1 個百分點，為連續第九個月下降走勢。6 月租賃指數同比下降 1.82%。全市平均單位標準租金為人民幣 64.2 元／平方公尺，月房租上漲急壞好多無房族。2019 年 1 月 1 日，個人所得稅專項附加扣除政策正式實施，更使租戶面臨了個所稅抵扣幾 10 元，房租上漲幾百元的窘境。本來就生活拮据買不起房，現在租房成本又提高了，物價同時又節節攀高，這日子要怎麼過？

大家先別急，聽我慢慢說。

知識點 1 租房是調控房市的其中一環

房租上漲，主要是因為許多人持幣待購，暫時租房住；與此同時，不少炒房者又在高位拋售，一時間出租房供不應求，房租自然上漲。可一旦房價跌去 20 至 25%，自然會有大批租房者購買房子。

按歐美的經驗，房屋買賣讓市場去調節，而房屋租賃市場由政府控制。政府向擁有土地房子的人徵收房地產稅，將這筆錢投入租房市場，「劫富濟貧」補貼房客。擁有房子的人享受成功的喜悅，而房客們居有定所，可謂皆大歡喜。

在歐美的諸多國家中，多少年來租房者和擁有住房的比例總是一

半一半，大城市的租房比例則更高，並且還不是暫時租住，而是一種居住常態。由於歐美實行高房地產稅，政府徵收了地稅之後，便大量提供各種類型的廉租房，使大多數民眾並不需要非得購房而居。

其實在歐美，選擇租房還是買房，對大眾來說只不過是選擇不同的生活方式而已。事實上，縱觀歐美近百年的房價走勢，基本上僅和通膨率持平，也就是說，房地產對普通人而言並非投資的選項。在歐美，通常來說單身者基本選擇租房，頂客家庭也多半租房而居，一般只有結婚後有了孩子，才會考慮搬到郊外甚至小城鎮買房居住，過上另一種家庭生活。比如巴菲特就一直租住一房一廳的公寓，直到生下第一個女兒後，他才購房而居，而那時他早已是百萬富翁了。

中國人自古有強烈的土地情結。現在人們無法擁有土地了，便把這一情結轉移到了房子上。但凡負擔得起便會不計代價要擁有，根本不考慮什麼「售租比」和「房價收入比」。和歐美國家不同，在中國，房子是投資產品，而不是高檔消費品，所以房價是不計入 CPI 的。所以這幾年房價才會猛漲，一直漲到老百姓無法承受、漲到經濟不可持續發展了，政府才終於下決心出重手進行調控。而房租卻和大米、豬肉一樣，是做為生活必需品計入 CPI 之內的。也就是說，一旦房價猛漲，就會引發通貨膨脹，猶如米價、肉價上漲，政府會立刻干預，以免破壞安定團結與和諧社會。

知識點 2 高售租比、房產稅讓租房更為合理

對如何控制房租漲幅，中國完全可以借鑑紐約的經驗。紐約的房屋租賃市場，因為政府與私營部門的合作，長期維持著穩定的狀態。眾所周知，紐約是全球最富有的城市。不過，可能很多人不知道，在紐約至少有一半居民選擇租房，特別是紐約最富有的曼哈頓區，更有

高達 90% 以上的人都租房而居。美劇《六人行》裡那六個年輕人分租公寓，就是典型的曼哈頓人的居住方式。

紐約是全美住房消費負擔最重的城市。曼哈頓更是寸土寸金，凡是看得見景色的公寓，動輒上千萬美元一套。同樣一套 1250 平方英尺（約 120 平方公尺左右）的公寓，在舊金山 40 萬美元買一套，在洛杉磯 25 萬美元，在休士頓、達拉斯只需 13 萬美元，到了邁阿密就只有 10 萬美元，而在曼哈頓則至少要 120 萬美元。能在曼哈頓擁有房產的，都是錢多得發霉的人。

而政府從富人的房產上徵稅，通過廉租公寓的方式「貼補」了普通工薪階層，是典型的「劫富濟貧」。

不過，曼哈頓雖然房價高，但是房租和收入相比卻不貴。我曾經在曼哈頓生活多年，一直租公寓而居，其中一間公寓每年租金 3 萬美元。有人大惑不解，每年 3 萬租金不是白扔了嗎？這是「只知其一，不知其二」的理解。因為曼哈頓的房產稅是房價的 2% 到 3%，如果買下我所租住的公寓至少花費 100 萬美元，每年支付地產稅、公寓管理費再加上水電費，甚至要超過 3 萬美元的房租，得不償失。這也是為何 90% 以上的曼哈頓人情願一輩子租房住的根本原因。

除了「白扔」房租外，國內的朋友或許會感到困惑，難道就不怕房東突然毀約、漲房租或者趕走我們這些房客？住租來的房子總是沒有家的感覺，不是嗎？

歸功於紐約健全的「商業租賃法」，房客們根本無需擔憂這些問題。紐約的法律是極力保護房客利益的。法律規定，房東不能隨意漲房租，房租每年的升幅不能超過平均工資的增加幅度和通膨幅度；房東不能輕易毀約，更不能隨意趕走房客，只要房客有正當理由，比如失業，哪怕白住 3 個月，也不能趕走房客；房東與房客有任何矛盾，最後得上法庭打官司，由法官判決誰是誰非；房東在更換新房客之

前，必須將房屋修繕一新，由房東負責日常維修服務。當然，如果是租戶使用不善造成的損壞，一切經濟後果由租戶自己承擔。法律最大限度保障了租戶的利益，使房客享有充分的安全感。

知識點 3 高租房率有助城市吸引人才

紐約政府用徵來的房地產稅建造的廉價公寓，深受中低收入人群歡迎。窮人申請批准入住之後，每年按收入的比例支付房租。就這樣，在紐約的中產階級、窮人和富人，大家都各得其所，其樂融融。我曾居住在紐約曼哈頓的羅斯福島上，每個月支付 2,500 美元房租。而在同一棟大樓內，有些房客只交 1,000 多美元，他們都住了多年，甚至大半輩子，他們住進去的時候房租只有幾百塊，每年只能小幅上漲，甚至不漲，在通縮、經濟不景氣時，房東還必須相應的減房租。

在羅斯福島上，還另有兩類公寓：一類是政府提供給低收入家庭居住的，只要家庭年收入低於規定的金額，就可以申請入住，租金比普通市面上的公寓低 30% 到 40%。我曾經的一個同事在失業後卻「因禍得福」，年收入正符合申請標準，於是租到了這一類公寓。第 2 年他太太也上班了，兩人的收入大大超過了申請標準，但政府又不會年年查證，結果一住數年。直到孩子到了學齡期，為了孩子的教育，才不得不搬出小島。

另一類公寓的租賃方式又別具一格，搬進去時，承租人只需繳納當年的薪水（按年薪計），以後無論租住多久，都無需繳納房租，只需按月繳納幾百美元的管理費。如果住膩了想搬出去，那筆預付的薪水便會退還給你，但是不償付利息。試想，這樣的買賣簡直太划算了，一旦入住這一類公寓，幾乎無人搬出去，除非老死。只有一點對不起了，因為房產不是你的，房價漲得再高也跟你無關。

紐約市政府長期以來實施廉租房政策，使符合條件的中低收入階層，每月都能以較少的租金租住較好地段的一房一廳。比如市中心曼哈頓下城有一個斯泰佛森特社區，大約有一百多幢居民樓，共占據六個街區，所有公寓一律面向中低層收入群體。在該社區，一套面積約 60 平方公尺的公寓，客廳約為 30 平方公尺，臥室有 15 平方公尺，外加廚房、廁所和壁櫥。如果按曼哈頓的租房價格，每個月租金約 3,000 美元。但是在該社區，這樣的一房一廳只需 1,500 美元。此外，租房還有不少好處，如果房內出現下水道堵塞、停電、冷熱器設施故障等問題，一概由房東負責上門維修。而且社區的周邊設施非常完善，中心地帶有噴水池和草地綠化，包括二十四小時保安巡邏。租住這樣的公寓，真是十分愜意！

　　在曼哈頓早就有共識：有錢人擁有住房，實現了自我價值，享受到了成功的喜悅；而買不起房子的房客住得安心放心，視租房為自己的家，照樣也享受到安居樂業的快樂。

　　很顯然，完善的法律和政府一系列的廉租措施，使紐約這一國際大都市吸引並留住了大量的人才，特別是收入相對較低的年輕人。而做為對比的是，上海的高房價卻嚇跑了一批國外回來的科學研究人員，新聞報導說即使補貼人民幣 60 萬元仍然不夠頭期款。中科院上海分院的資料顯示，2010 年全院博士、副研究員級別科學研究人員的流失率達到 10%，遠遠大於一般 5% 的正常水準。很多人正是迫於住房壓力，選擇離開上海或者投奔企業。這些人經過多年磨煉，已是科學研究的骨幹，失去他們，研究院所倍感痛惜。

　　由於租金和房價維持在較為合理的水準，紐約長期以來保持著「鐵打的營盤（固定的房子），流水的兵（房客）」的狀態，人口一直維持在 800 萬左右。正是人口的不斷流動，使紐約保持著城市的新興活力。這正印證了一個研究指出的結論：只有人口不斷的流動，才

能保持城市的活力。一旦住房擁有率超過了 70%，那麼這座城市就面臨老化的危險，也將漸漸失去生命力……

補充說明

輕鬆背房貸的方法
嚴守買房方程式

做屋主當然是人生大事，但當你計畫買房之前，一定要考慮清楚自己的還款能力，要好好的計算一下每個月你可以負擔多少供款，才不至影響到家庭的生活品質，否則將是本末倒置，得不償失！下面是歐美普遍認同的兩條買房方程式，可供屋主們參考。只要你依照去做，就可以快快樂樂、輕輕鬆鬆的做「房奴」。由於歐美的房產稅是每年按樓房的市價繳納 1% 到 5%（編按：台灣目前已有房屋稅、地價稅、個所稅等），考慮到中國還沒有全面開徵房產稅，以及其他稅項，因此，你在參考這兩條方程式時，可以酌情加上 5% 到 10%。

第一條方程式簡稱 PITH，其實是 Principle、Interest、Taxes 和 Heating Expenses 的縮寫。中文就是本金、利息、稅項和電力支出。

這一條買房方程式規定，你每個月的 PITH 不應超過整個家庭稅前收入的 32%。

例如，陳先生陳太太每月稅前收入 4,500 美元，那麼每個月的 PITH 支出就不能超過 1,440 美元（4,500×32%）。

第二條方程式規定，就是你每月底還債款項不應超過稅前家庭收入的 40%。還債款項包括 PITH 支出、買車、信用卡還款等。

再例如，陳先生陳太太每月稅前收入 4,500 美元，每個月的還債款項就不能超過 1,800 美元（4,500×40%）。

常見房貸

買房的第一步是要了解自己的經濟狀況，安排專業理財顧問去仔細分析出自己到底適合哪一款房貸計畫，而且房貸利率升跌無人能料，沒可能說定哪一種房貸會是最經濟、最划算。

固定利率房貸（Fixed Rate Mortgage）就是房貸的利率固定不變，即使市場上的利率攀升或驟降，每月還款仍會維持一樣，這樣可以容易預期個人開支，亦能避免利率上升而要多付款項。相反的，浮動利率房貸（Variable Rate Mortgage）就較具彈性，尤其受惠於利率下調的時候，每月還款會受到利率的影響。

而定期和活期房貸的分別，就在於隨時清還款項會不會被罰款，活期的還款期要較定期為短，如果是想於一段短時間內把舊屋出售變現，款項用來清還新屋房貸的話，活期會比定期更適合。

第 4 章

財經新聞中的
貨幣

　　在本章中，將討論「另類貨幣」比特幣、通貨膨脹、投資黃金、人民幣國際化等和貨幣有關的話題。你將了解為什麼應該要懂貨幣知識，以及如何解讀新聞中的有關資訊，從而進行明智的理財。

　　樣樣東西都漲價，這在薪水沒漲的情況下無疑是壞消息。也許你可以不買新衣，但飯總是要吃的。不炒股的人也許覺得股市漲跌與他無關，但物價上漲沒有人會說與他無關。大家對此類新聞就要多留心、多思索：為什麼會出現通貨膨脹？該做些什麼來保護自己的財富不縮水？

　　這幾年，黃金價格的大跌，到底是該買還是該賣？在回答這個問題前，你該先檢查自己是在投資還是在投機。如果是在合理價位之上買入，那就進入了投機的零和遊戲，唯有找到下一個接棒的投機客才能獲勝。

　　人民幣升值從中大獲豐收的是誰？為什麼美國物價不瘋狂，美元的購買力很強盛？歐美的有錢人為何都爭著比賽捐錢？對於這些問題，不妨套用常識分析一下，就能豁然開朗。

1

貿易戰的貨幣匯差

中國去年大豆進口依存度超 87% 美國占進口總量約 34%

中國新聞週刊 2018 年 11 月 25 日

在中美貿易發生摩擦前的 2017 年，中國國產大豆 1455 萬噸，進口 9554 萬噸，進口量創歷史最高紀錄，進口依存度超過 87%。其中，來自美國的大豆約為 3285.4 萬噸，占進口總量約 34%。

中美貿易摩擦以來，中國進口美國大豆的數量明顯減少。有資料顯示，2018 年 1 月至 8 月，美國對中國出口大豆較去年同期減少了 361 萬噸，減幅為 31.7%。

在美國大豆進口量急劇減少的時候，如何保障國內大豆供給，就成了相關各方密切關注並要著手應對的問題。

||||||||||||||||||||

新聞解讀

看懂財經新聞的四大原則：

一、**特別關注壞消息**。在本篇新聞中，有兩項對中國而言的壞消息，第一是大豆仰賴大量進口，第二是大豆可以進口的數量，受到中美貿易戰影響而減少，恐造成國內大豆供給問題。

二、**專家的話正確聽**。本篇新聞中沒有出現專家的說法，可先跳過。

三、**分清投資和投機**。貿易衝突不只操縱著民生用品的進出口數量與價格，更對於相關產業帶來問題，使得不論是投資或投機都會有所影響。

四、**回歸常識來判斷**。全球已是整體的經濟體系，貿易戰究竟是為了什麼？又會造成怎樣的影響和衝擊？這是本章節要進行討論、提供常識判斷的經濟知識。

與本則新聞相關的財經知識

中美貿易戰牽動著無數人的心，時至今日美方仍然沒有「停火」的意思。

中美貿易戰是長期問題的累積。

川普為何想打貿易戰呢？

說複雜的話，可以寫一本書。簡單來說，其實就一句話：這一切都源於中美貿易的巨額逆差。也就是說，美國購買中國商品的貿易額，大大的超過中國購買美國商品的貿易額。據統計，僅 2017 年一年，中美的貿易逆差額就達到 3,000 多億美元，川普說的「5,050 億美元」，其中有誇大其辭的成分。

事實上，即使在公認的 3,000 多億美元的中美貿易逆差中，大量利潤也是進入了在中國做生意的美國跨國公司口袋裡。僅舉一例：在 2009 年生產一部 iPhone 3，中國要從美國進口價值 11 美元的零組

件，從另外三個國家進口約 172 美元的零組件，然後在中國組裝。當成品 iPhone 3 運到美國時，其價值約為 180 美元，而蘋果將零售價定為 600 美元，是成品價值的 3 倍多。但中國公司從中賺了多少呢？只有 8 美元，僅為零售價的 1%。

也就是說，要是仔細算的話，美國在中美貿易中根本就沒有吃虧。或者說，中國賺了順差，美國賺了利潤。

正如前世界貿易組織總幹事巴斯卡‧拉米，曾經提醒說：「拿中美貿易逆差來說，如果按照實際本國含量進行一系列計算，那麼兩國 2010 年 11 月 2,520 億美元的貿易逆差規模，起碼能減少一半。」

但是，川普可不這麼想，或者說他不願意承認這一點，他認為在中美貿易中，美國吃了大虧，中國占了太多的便宜。

實際上，中美貿易逆差已經不是一天兩天的問題了，而是中美兩國在進出口領域長期問題的累積。這也正是川普在競選總統時，反覆提及需要解決的主要問題之一。

事實上，川普上任以後，不像絕大多數美國政客那樣，競選時說一套，擔任總統之後卻無法兌現承諾而另做一套。川普出乎了絕大多數人的預料，正在兌現競選時向選民提出的承諾（超過 80% 的承諾都在進行中），包括解決中美貿易逆差的問題。

▋ 知識點 在匯率中爭奪利益

對於已經打響的貿易戰，我認為大家不必太過驚慌，權當是一個討價還價的遊戲即可。因為任何破壞世界兩大經濟體貿易往來的政策，都是「雙輸」的。事實上，這正是中美貿易戰的總基調。

如何解決中美貿易逆差的問題？

極端者提出的解決方案是人民幣兌美元升值。多年來，美國不斷

發出中國操控人民幣匯率的聲音，指責中國故意壓低人民幣匯率，以期在中美貿易中獲利，最極端的聲音是美元兌人民幣的合理匯率應該為 1：4。但如果用這個方式來解決中美貿易逆差的話，將對中國經濟、以至全球經濟產生巨大的影響，所以這是不可能完成的任務。而從實際結果來看，中美貿易戰開啟以來，人民幣匯率非但沒有升值，反而一路貶值，美元兌人民幣匯率從 6.28 一路貶到了 6.8。

還有人認為要降低美國商品出口到中國的關稅。比如，有人認為美國汽車出口到中國的關稅可從 25% 降至 5%，即購買美國汽車將便宜 20%。此外，中國還可以開放半導體、金融等其他市場。但就目前美國執政層的觀點來看，美國短期內不可能開放高科技產品對華出口。

總之，中美貿易談判之路還很漫長，需要兩國共同協商尋找辦法。但有一點需要明確，中美經濟早已水乳交融，相互依存，兩大國之間任何一個國家出現重大的經濟影響，對於另外一方來說都不是好事。政治是妥協的藝術，中美貿易戰歸根到底就是一場討價還價的利益之戰，而只有雙贏才是最好的結果。

2

另類貨幣「比特幣」

新聞案例

比特幣最高點跌落一週年：市值跌掉 82.7% 礦機甩賣

每日經濟新聞 2018 年 12 月 16 日

2017 年 12 月 16 日，比特幣整體市值創歷史最高紀錄，達 3,265 億美元；2018 年 12 月 15 日剛好是一週年，但一年來，比特幣跌跌不休，市值從未再返回過這個高點。

與整個加密數位貨幣生態緊密相連的礦機，也從「香餑餑」變成「山藥蛋」。

近日，《每日經濟新聞》記者登錄世界第一大礦機廠商——比特大陸官網發現，曾經爆炒致上萬、乃至數萬，一機難求，甚至要求助走私的礦機，都已大幅降價。與原年初定價相比，多款機型已降至不足一折，最低僅 300 元。

期貨、現價雙雙創最低紀錄

12 月 15 日，芝加哥商品交易所（CME）比特幣期貨 BTC 1 月合約收跌 70 美元，跌幅大約 2.18%，報 3,145 美元，連續兩個交易日創即月合約收盤紀錄最低，本週累跌約 4.70%。

芝加哥期權交易所（CBOE）比特幣期貨 XBT 1 月合約收跌

95 美元，跌約 2.93%，報 3,150 美元，也連續兩天創即月合約收盤紀錄最低，本週累跌約 4.04%。

資深數位貨幣分析師肖磊對記者表示，總體來說，橫盤（編按：盤整）已久的比特幣，會激發投資者做出選擇，這種選擇對階段性行情的影響較大，目前來看，市場依然很弱。但隨著持續的下跌，投機性需求逐步出清，市場會在新一輪下跌中尋求底部，不過這是個漫長的過程，投資者需要有充足的心理準備。其他數字幣種相對於比特幣來說抗跌性不足，比特幣的下跌也會引起整個市場流動性的萎縮，未來依然還要看比特幣的走勢。

||||||||||||||||||||||||||

新聞解讀

看懂財經新聞的四大原則：

一、特別關注壞消息。上面是一則有關比特幣價格變動的報刊新聞，其核心資訊是「比特幣價格跳水」。首先應該判斷的是，「比特幣價格跳水」是好消息還是壞消息，但是如果沒有一點財經的基本知識和常識，你會發現走到第一步就走不下去了，比如這裡，比特幣到底是不是貨幣，比特幣有沒有內在價值，比特幣有沒有投資價值。在正確的運用這四條原則具體分析一則新聞之前，有必要先把和貨幣有關的基礎知識和相關背景梳理一下。在讀完這一章後，相信你會對財經新聞中隱藏的資訊更加敏感。

二、專家的話正確聽。對於本篇新聞中的專家，看看接受採訪的專家是什麼身分背景，他的發言是否和他的職業存在利益衝突，他有沒有相關投資，他的言論會不會對他的投資有所影響。

三、分清投資和投機。比特幣死灰復燃，你湊熱鬧了嗎？你能分清自己的投資行為到底是「投資」還是「投機」嗎？

　　四、回歸常識來判斷。如果還是覺得困惑，請暫時放下浮躁的心態，用最簡單的常識來幫助思考，「比特幣在目前還不是貨幣」。

與本則新聞相關的財經知識

　　隨著科學技術的進步和金融創新，支付手段越來越多樣化，現在，人們可以不用持有任何實物貨幣，憑一張信用卡就可走遍天下，所以，很難說清楚什麼是貨幣。雖然很難給貨幣下個精確的定義，但貨幣必須具有的三大功能幾乎是公認的，即交易媒介、價值尺度（記帳單位）和價值儲藏。我們不妨來檢驗一下新潮的另類貨幣和歷史悠久的貨幣，看看它們是否是貨幣真身。

知識點 1 藉由網路流通的虛擬貨幣

　　大家知道，美元、英鎊、歐元和日元等，是外匯市場中的流動性最大貨幣。不過，幾年前出現的一種號稱「比特幣」（Bitcoin）的玩意，這幾年在歐美市場和國內市場上大熱，網上也同步熱議——成了目前最為廣泛使用的一種另類貨幣。許多人不禁發問：什麼是比特幣？

　　從技術上來說，比特幣並不是現金，不依靠特定的貨幣機構發行，更沒有得到任何政府或金融機構的信用擔保，完全是一種虛擬的網路貨幣。它通過特定演算法的大量計算產生，使用遍布整個 P2P 網路節點的分散式資料庫來管理貨幣的發行、交易和帳戶餘額資訊。

比特幣的獲得方式和玩電子遊戲得到的積分類似，可做「礦工」在網上挖礦，也可做「商人」去購買。因為隨著參與挖礦的人數越來越多，一個人挖礦可能要挖上幾年才有 50 個幣。

用戶通常可上網選擇承包商或零售商，用網上的「信用積分」（Online credits）換取所需的商品和服務、甚至房子，而不是通過銀行或金融機構來執行交易。

這種信用積分被稱作「Tokens」，由用戶把商品直接從這個人的手中交換到另一人的手中。當一筆交易發生時，經加密設計的比特幣將自動的通過買方發送到賣方，以確保不被駭客攻擊或人為的製造比特幣。例如，比特幣只能被它的真實擁有者使用，而且僅僅使用一次，支付完成之後原主人即失去對該份額比特幣的所有權。

自 2008 年爆發了金融危機以來，尤其是賽普勒斯銀行對儲戶的離譜懲罰行為，人們的無奈和憤怒是顯而易見的。就像幾年前的黃金一樣，比特幣因此而越來越受到追捧。比特幣的發明者期望這一貨幣能替代美元和歐元、甚至全球貨幣，同時希望徹底改革金融世界，就像電子書在出版界已在網路被證明是一個新模式一樣，大行其道。

而到目前為止，這一模式成功的最大關鍵，在於進行匿名的虛擬交易。

在現實的日常生活裡，使用比特幣是有困難的，不過，現在越來越多的機構正在接受這一貨幣。比如，從紐約市的梅澤燒烤店（New York City's Meze Grill）到加利福尼亞州的豪生大酒店；從富勒頓會議中心到奧克拉荷馬州的婚禮蛋糕店……接受比特幣的供應商數量也在不斷增加，包括網上和線下的供應商。

近幾年全球的幾大經濟體相繼允許比特幣做為結算貨幣，合法監管比特幣交易所以及交易行為成為趨勢。美國商品期貨交易委員會（CFTC）認定比特幣為大宗商品，並且為比特幣交易平台 Coinbase

頒發了牌照，歐洲盧森堡也在 2016 年 3 月為交易平台 Bitstamp 頒發了比特幣交易所許可證，日本在 2016 年 3 月份也提出要頒布比特幣營運規範。

儘管比特幣地位有所上升，但目前還有一個很大的問題，就是比特幣的價值極其不穩定，在現實世界中與美元兌換匯率的波動非常大，在比特幣發展的初期，軟體工程師漢耶茨花了 1 萬枚比特幣，從網友那裡換了兩個大號披薩（價格約 25 美元）。

早在主流世界了解比特幣之前，其價值已經衝破天了，投機者很快就看到了這一貨幣的潛力，並開始通過 Mt.Gox 和其他網站，低買高賣、如火如荼的炒作了起來。

因為比特幣的價值建立，取決於有多少人、多少商品和服務願意接受比特幣的付款，如果接受比特幣的人數增多，比特幣的市場交易便進一步繁榮，比特幣將擁有巨大的升值空間。由於目前擁有比特幣的人數僅有數十萬人，和十億網路的用戶基數相比，其增長空間很大，這也是目前大部分比特幣持有者信心很強的重要原因。但是，如果比特幣用戶數量減少，其價值就很有可能下跌，甚至可能一文不值！

好幾位長期關注比特幣的美國金融專家一致認為，就像前十年來的黃金一樣，比特幣不過是另一個泡沫而已，一個最壞的冒險機會。但比特幣的火熱，也和金價曾經的高漲一樣，恰恰從另一方面體現了歐美的金融狀況有多少糟糕、現金持有人有多麼的恐慌！

▎ 知識點 2 暗藏龐氏騙局的比特幣

進入金融市場的比特幣和龐氏騙局十分接近，比特幣的早期接受者占據了很大優勢，如果後續資金停止進入該領域，則比特幣無法繼

續升值。由於根本無法實現承諾的投資報酬，因此對於老客戶的投資報酬，只能依靠新客戶的加入或其他融資安排來實現。所以一個標準的龐氏騙局會不斷擴大他的受眾，形成一個金字塔形的利益分配體系，一旦沒有人加入，這個遊戲就玩不下去。

中國股市的大幅回落、房市的調整、大宗商品的熊市，以及各類理財產品收益的下滑，對於比特幣價格的反彈，可能起到了推波助瀾的作用。很顯然，這是一場「你方唱罷我登場」的遊戲，比特幣大戶又開始誘騙散戶進場了。

比特幣，因其匿名、完全去中心化等「優點」，被精美包裝之後進入了金融市場，在過去幾年，曾一度受到一些人的狂熱追捧，價格從幾乎「零」飆升至近 2 萬美元（期貨價格曾高達 2.1 萬美元）！

然而，比特幣交易平台的不確定性、交割波動大、甚至被非法利用，如涉及走私、販毒、涉黃、洗錢等醜聞不斷，而受到各國政府的打壓！隨著各國政府不斷加強對比特幣的監管，以及莊家的獲利回吐，在 2018 年的最後一個月，比特幣價格大多數時段均徘徊在 4,000

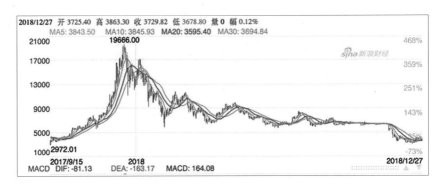

2018 年 12 月 27 日比特幣價格走勢圖

美元左右，這一價格與年初 1.7 萬美元相比，已跌去近八成。

知識點 3 比特幣只能是商品

比特幣的其中一個特性，就是具有夢幻般色彩的區塊鏈技術
（blockchain-technology）。這是貨幣的未來形式，也就是虛擬貨幣
（virtual currency）。目前，世界上與之相關的企業（包括矽谷）投
入數億美元以此為基礎，欲建立一個無摩擦移動資產的商業模式。

何謂虛擬貨幣？歐洲銀行業管理局於 2014 年將其定義為：「既
非由中央銀行或公共機構頒發，也不一定要連接於一種法定貨幣，但
做為支付手段被自然人或法人接受，並且可以進行轉讓、存儲或可以
進行電子交易的一種貨幣。」

由此可見，比特幣並不是真正的貨幣，也非真正的商品，卻被偽
裝成貨幣和商品。當 1,300 萬的流通硬幣，其中 50% 被 950 個人擁
有時，便可斷定這完全是一個顯淺的、不流通的封閉市場。明眼人不
難看出，這是一個多麼狹窄的交易市場。

不過，比特幣的支持者大多都以為，比特幣是法定貨幣時代開始
的信號。但那是根本不可能的。道理非常簡單，因為在這個星球上，
比特幣還尚未被任何一個國家接受為法定貨幣，全球最突出的奧地利
經濟學家路德維希・米塞斯（Ludwig Mises）和弗里德里奇・奧古斯
特・馮・海耶克（Friedrich August von Hayek）的學生（繼承者）明
確表示：「比特幣不是貨幣！」

美國退而將比特幣列為大宗商品，就更加說明比特幣成不了貨
幣，比特幣的原始初衷破滅！而大宗商品向來是華爾街的投機類金融
產品，並非投資商品。也就是說，以最精美的包裝而成的比特幣，進
入金融市場就好似龐氏騙局，本質上就是在玩弄散戶，散戶進入比特

幣市場就是去送錢的！

　　舉例來說，2017 年可謂比特幣的瘋狂之年。根據彭博社報價，比特幣 2017 年最低價位是在 1 月 11 日的 789 美元，而全年最高價位、也是比特幣紀錄最高價，是在 12 月 18 日達到的 18,674 美元（實際上多數主流平台報價突破 19,000 美元，甚至少數平台最高報價突破 20,000 美元）。不過在 2017 年 6 月和 7 月，比特幣一度下跌 36%，這樣的跌幅對於其他市場交易來說是不可想像的。

┃ 知識點 4 ┃ 比特幣已遠離交易媒介的功能

　　2017 年 9 月，中國將比特幣市場喊停，引起比特幣信徒強烈不滿。

　　比特幣信仰者們似乎堅信：「有朝一日比特幣能成為全球貨幣。」可能嗎？先不談比特幣從技術角度來看設計得多麼縝密，只請大家以常識想一下：「誰掌握了貨幣，誰就掌握了世界！」而目前超過半數的比特幣，竟然集中掌握在 927 人的手中！你們覺得未來世界可能會讓這 927 個人來掌握嗎？！

　　比特幣的持有者似乎比我們想像的要集中得多。這問題長期以來一直是比特幣基金會的心頭重病，英國《金融時報》的伊莎貝拉・卡明斯卡（Izabella Kaminska）對此進行了分析，認為這種現象意味著價格壟斷──由這少部分主要持有人決定價格，剩下的那些人被動接受這個價格。

　　芬蘭企業家、Bitcointalk.org 積極分子里斯托・皮耶蒂萊（Risto Pietila）對比特幣所有權失衡現狀進行了評估。他根據比特幣富豪榜（Bitcoin Rich List）上的資料對比特幣的交易活動進行估算。該結果得到比特幣最早的開發商馬爾蒂・馬爾米（Martti Malmi）的認同。

請記住華爾街名言：「只要從足夠高的地方摔下來，即使是死貓也會反彈。」（Even a dead cat will bounce, if you drop it from high enough.）其次，顯然比特幣已蛻變成了擊鼓傳花的遊戲，那早期進入的既得利益者會盡可能將比特幣以高價拋給最後的接棒者，將其所獲得的巨大帳面財富漸漸兌現！

一條「比特幣放著睡覺最賺錢」的貼文，道出了比特幣市場的實情——交易量越來越少。其實，這句話本身就非常好笑！比特幣的初衷是什麼——成為貨幣。那放著睡覺的東西能成為貨幣嗎？一般人買入後就讓它睡覺，那比特幣的作用就只能是洗錢、販毒、賭博、色情、搶劫、偷盜，詐騙等，這東西還能有前途嗎？

事實上，比特幣的情況已經非常清楚了：價格越漲，越多的人長期囤幣，使得流動籌碼越來越少，就離開其原始初衷——交易媒介的功能越遠。結果，它的泡沫就將越大。目前顯然已經陷入了這個怪圈之中。到最後，比特幣很可能成為像古董一般，只有收藏價值，沒有流動價值，和所謂的貨幣功能毫無關係；但一旦失去了貨幣功能，比特幣還有什麼用呢？！結論：到最後毀了比特幣的不是別人，恰恰是忠實的比特幣粉絲們！

其實，現在看來，這個遊戲的漏洞太明顯了。說到底，無論比特幣包裝得多麼精良，卻只不過是一些人在幕後玩的東西，其中不知道隱藏了多少祕密。竟然還能走到今天，這充分說明了人性的貪婪會使得一些人被洗腦一般。

任何泡沫的破滅都不是一路下瀉的，一般都是進二步退三步那樣得逐漸褪去的。不過，也正是在這樣的過程中，不斷的吞噬後來者的財富……

這真是又一個典型的金融泡沫案例，就等著寫入金融史了！

知識點 5 比特幣不是好的投資商品

由權威監管機構構成的美國金融穩定監督委員（FSOC）曾發表的一份報告指出，包括比特幣在內的電子錢可能對美國金融體系的穩定構成威脅，因此監管機構將對比特幣及其他電子錢進行更加嚴格的審視。美國金融監督委員會是由聯準會、美國財政部和美國證券交易委員會（SEC）在內的主要監管機構所構成。

金融監督委員會指出：「像大多數新興科技那樣，分散式記帳系統還造成了某種風險和不確定性，即市場參與者和管理者也需要被監督。市場參與者參與分散式記帳系統還缺乏經驗，而且這種操作上的脆弱性只有在它們被大規模使用之後才體現出來。例如，最近幾個月，比特幣交易延遲開始大規模的出現，還有一些交易出現了失敗的情況，這是由於比特幣提請交易的速度比加入區塊鏈的速度還要快。類似的，即使分散式記帳從設計上可以避免報告錯誤率或者被一個參與者欺騙，但是抵禦不了多數參與者一起串通欺騙。」

來看看這一兩年，和比特幣有關的一些負面新聞：

【美國拘捕兩名比特幣交易所創始人】美國繼續加強對比特幣的監管力度。美國檢察官正式起訴兩名比特幣交易所運營人璿瑞姆和費亞拉，提供虛擬貨幣幫助用戶在黑市網站「絲綢之路」上購買毒品涉嫌洗錢，並在沒有取得執照時進行匯款業務。一旦罪名成立，璿瑞姆面臨高達 30 年監禁，而費亞拉面臨 25 年監禁！

【比特幣企業家被控參與洗錢】得到溫克萊沃斯兄弟資金支持的比特幣創業者查理・史瑞姆（Charlie Shrem）被控參與洗錢，並幫助一個非法線上毒品黑市轉移資金。現年 24 歲的他是比特幣行業最活躍的人物，任比特幣基金會的副主席，在全球各地旅行推薦比特幣這一虛擬貨幣，並與人在曼哈頓合夥經營一家接受比特幣付款的酒吧。

【俄羅斯央行突然發布嚴正警告：使用比特幣將會面臨刑事指控】俄羅斯央行突然猛擊比特幣，警告比特幣用戶：將被犯罪指控！俄央行說，數字虛擬貨幣缺少官方保障，已被用到投機，將增加金融風險，將禁止代貨幣的發行。洗錢在俄羅斯最高刑期 7 年；為恐怖活動籌資的最高刑期 15 年。

各種負面新聞使得比特幣就好似量身為各種罪惡而定制的：洗錢、操縱、販毒、槍支、賭博、色情、搶劫、偷盜，詐騙，炒作……匿名本是比特幣的一大特點，但我認為，除了其他問題，匿名恰恰是比特幣最終難以真正合法的一大制約，比特幣的前途將取決於它是否能夠實名化。

紐約州金融服務局主管勞斯基（Benjamin Lawsky）在對比特幣舉行的聽證會上強調，要有一套明確針對虛擬貨幣的新規則！勞斯基更明確表示：「如果對於管制有兩種選擇——允許洗錢或是允許創新，我們總會首選打壓洗錢！」

比特幣的負面消息不斷，幾遭滅頂之災。根據看懂財經新聞的第一原則——「特別關注『壞消息』」，讀者朋友們看出投機比特幣的風險了嗎？在跌得慘烈的時候，我那些幾年前就開始玩比特幣的北美同事朋友憂心忡忡，急著拋售。當時我讓他們別擔心，有我們中國人掩護你們。沒想到一句笑話竟然不幸言中：當中國比特幣成交量已超過 3 萬個，而同期美國成交量僅有 300 個！我打從心裡佩服我的同胞們！

我曾去紐約比特幣中心參觀，那兒聚集了比特幣「高手」，好些是輟學的名校學生，他們說學校裡不開設比特幣課程，所以這書讀了也沒意義了！他們狂熱的程度，讓我立刻回憶起十幾年當沖交易的盛況，同樣美妙的說辭，相似的狂熱，但結果呢？

根據從看懂財經新聞的原則四——回歸常識來看，比特幣至少在

目前還不是貨幣。不談理論了，就看現實吧：哪個貨幣的匯率會像比特幣那樣上躥下跳，誰敢用啊！更別說比特幣進入了金融市場後，恰恰是那些瘋狂的粉絲阻礙了比特幣成為貨幣的進程！其次，在金融市場裡，比特幣更不是什麼投資品，本身不帶報酬的東西只是投機品。

3

貨幣本質上就是一張借據

新聞案例

央行貨幣政策委員會：穩健貨幣政策要更加注重鬆緊適度

證券時報 2018 年 12 月 28 日

央行官網 27 日發布公告稱，央行貨幣政策委員會 2018 年第四季度例會於 26 日召開。會議按慣例分析了當前國內外經濟金融形勢、部署下一步貨幣政策。

對比三季度例會的會議表述，此次會議在研判國內外經濟金融形勢、對下一步貨幣政策安排等方面有較多變化。一些新表述延續中央經濟工作會議的部署，如提出「加大逆週期調節的力度」，並新增「創新和完善總體調控」表述，而上季度則為「高度重視逆週期調節」；穩健的貨幣政策也從「保持中性」變為「更加注重鬆緊適度」，並刪除「管好貨幣供給總閘門」表述。

不過，例會內容也有個別之處與中央經濟工作會議內容有所不同，特別是在結構性去槓桿方面，相比於三季度例會，本次例會公告中刪去了「把握好結構性去槓桿的力度和節奏」的表述，而中央經濟工作會議仍提出「堅持結構性去槓桿的基本思路」。

中信證券研究所副所長明明對證券時報記者表示，從過往情

況看，中央經濟工作會議的一些提法，在後續的貨幣政策委員會例會中也不一定提及。同時，貨幣政策更多的是總量政策，其所能發揮的結構性功能相對弱一些。結構性去槓桿還是要依靠更多產業政策、監管政策、財政政策等。

值得注意的是，本次例會還首次提出要推動穩健貨幣政策、增強微觀（編按：個體）主體活力和發揮資本市場功能之間形成三角良性迴圈，促進國民經濟整體良性迴圈。

明明認為，這意味著貨幣政策的內涵已經在升級，是更廣義的貨幣政策，是立足在總體調控和金融調控的統一布局。

||||||||||||||||||||||||||

新聞解讀

看懂財經新聞的四大原則：

一、特別關注壞消息。這是一則有關貨幣的新聞。這則新聞是對央行貨幣政策委員會 2018 年第四季度例會內容的分析，其主要觀點是穩健貨幣政策要更加注重鬆緊適度。

二、專家的話正確聽。本則新聞中中信證券研究所副所長明明，針對央行貨幣政策委員會的例會提供了預測見解，可視為業界人士的意見供參考。

三、分清投資和投機。貨幣政策會改變流通的貨幣供應、影響利率，並影響消費者和企業信心及支出，對於投資或投機都會造成影響。

四、回歸常識來判斷。那麼什麼是貨幣呢？相信看完本節內容，你的貨幣常識會更上一層樓。

與本則新聞相關的財經知識

　　貨幣和每個人都有關係，它存在於我們日常生活的每一天，牽動著每一個人的神經。貨幣的本質到底是什麼？

　　這還真是個複雜的問題，19世紀中葉，英國有一位議員格萊頓曾經說過這樣一句話：「在研究貨幣本質中受到欺騙的人，比談戀愛受欺騙的人還要多。」真的是這個樣子，直到今天，不論是馬克思也好，西方經濟學的學者們也好，關於貨幣的本質仍然存在大量的爭論。

知識點1 貨幣建立在信用基礎之上

　　西方經濟學的貨幣概念五花八門，最初是以貨幣的職能下定義，後來又形成了做為一種經濟變數或政策變數的貨幣定義。

　　貨幣定義主要有以下幾種：

1. 人們普遍接受用於支付商品勞務和清償債務的物品。
2. 充當交換媒介、價值、貯藏、價格標準和延期支付標準的物品。
3. 超額供給或需求，會引起對其他資產超額供給或需求。
4. 購買力的暫棲處。
5. 無需支付利息，做為公眾淨財富的流動資產。
6. 與國民收入相關最大的流動性資產等。

　　實際上，後面四條應屬貨幣的職能定義。

　　目前世界各國發行的貨幣，基本都屬於信用貨幣。信用貨幣是指，由國家法律規定的，強制流通不以任何貴金屬為基礎的獨立發揮貨幣職能的貨幣，它是由銀行提供的信用流通工具。其本身價值遠遠低於其貨幣價值，而且與代用貨幣不同，它與貴金屬完全脫鉤，不再

直接代表任何貴金屬。

信用貨幣是貨幣形式進一步發展的產物，是金屬貨幣制度崩潰的直接結果。在 1930 年代，發生了世界性的經濟危機，引起經濟恐慌和金融混亂，迫使主要資本主義國家先後脫離金本位和銀本位，國家所發行的紙幣不能再兌換金屬貨幣，因此，信用貨幣便應運而生。當今世界各國幾乎都採用這一貨幣形態，信用貨幣由一國政府或金融管理當局發行，其發行量要求控制在經濟發展的需要之內。人們對此貨幣抱有信心，是信用貨幣做為一般交換媒介必須滿足的條件。

曾流行一句口頭禪，叫「這個世界不缺錢」。事實也確實如此。由於這些年的貨幣寬鬆，造成貨幣大肆氾濫。就算錢包鼓得合不攏，也不會被人當作有錢人。而貨幣從金融角度上被定義為：貨幣就是債（Money is Debt.），說得通俗點就是一種借據。

紙鈔也好，電子幣也罷，哪怕是黃金、白銀，在做為貨幣時它們的本質都一樣，都是在寫借據。

事實上，無論什麼樣的貨幣，都是建立在信用基礎之上的，只要有信用，它們的地位就是平等的，所謂「金本位貨幣優於其他貨幣」的說法，其實是一種誤讀。為什麼說貨幣是債呢？看看下面聯準會的例子就清楚了。

知識點2 誰也不能隨便開啟印鈔機

好多人簡單的認為，美國一旦缺錢，只要啟動印鈔機就行了，還不是聯準會的一句話。真的是這麼容易嗎？

從總體經濟的角度來看，聯準會沒有賦稅權，它的基本任務就像投資經理人，充當著管理政府債務組合的角色。在政府花費最低利息成本的前提下，聯準會決定著政府的債務組合形式中，國庫券

（T-bills）占據多少比例，30 年期國債又占多少比例。假設聯準會將發行 1 兆美元讓每一個美國人來平分，在一定的時間內，又假設行政干預並不大幅改變對貨幣的需求，而新貨幣主要是儲備金貨幣，為此聯準會要支付 0.25% 的利息，按理來說這沒什麼大不了的。

那麼問題出在哪兒了呢？

由於發行了 1 兆美元的新貨幣，聯準會的帳簿上便記錄了一筆巨額負債，這筆巨量的新貨幣進入流通之後，投資者不會願意支付溢價來持有貨幣。溢價就是指交易價格超過證券票面價格的部分，比如說拿 1 元 2 角現金去換一張票面是 1 元的證券。

因此聯邦基金利率大致等同於聯準會支付儲備金的利率，這與財政部支付國庫券的利率大致相等。也就是說，持有債務貨幣將不會比持有短期債券來得便宜，而政府負債融資的成本是無法逃脫的。所以有人形容說，把新貨幣裝上直升飛機直接撒向每一個美國家庭的好處（在短期內提高總需求），幾乎等同於國會通過法案把錢發放給他們的成本（以未來繁重的稅收來償還債務）。

不可否認的是，增加巨額債務的負擔，將迫使聯準會在未來採用更寬鬆的貨幣政策。當然了，名目債務融資得越多，利率就必然降得越低並帶動通貨膨脹。但是，目前美國國債已超過 22 兆美元，即使從直升機上再拋下 1 兆美元，也只會再增加不到 5% 的債務而已。而這是否會刺激聯準會改變未來的政策，再繼續寬鬆貨幣呢？

許多讀者認為，由於在世界大宗商品的交易市場上，都是以美元結算的，美元做為國際準備貨幣的一員，在當今美國經濟衰退的時候，美國當然可以任意啟動印鈔機，來進一步稀釋債務。果真是這樣嗎？當然沒你想得那麼美！美國最多只能在萬不得已的情況下才能啟動印鈔機。

因為，聯準會發行貨幣的基礎，是通過政府大量發行短期和長期

債券建立的，在其債務償還時才能被銷毀，由此形成債務貨幣。所以，以發行貨幣的形式欠下更多的債，並不是說這些債務幾年之後就會奇蹟般的消失，那些債務依然還躺在聯準會的資產負債表上，最終總是要償還的！

為確保美國超級大國的地位，美元在多數時候必須強勢，因為只有確保美元的信用，才能在借債時保持低利率，才能在真正萬不得已時啟動印鈔機；而啟動印鈔機的結果，往往是殺敵八百自損一千。因為美國自己擁有的美國國債，超過全世界其他國家所擁有美國國債的總和。事實也證明，美國經濟對貨幣寬鬆已經產生了抗藥性。

為了刺激經濟復甦提高就業，聯準會一而再的量化寬鬆，從 QE1 到 QE4（編按：QE〔Quantitative Easing〕也就是量化寬鬆，透過增加貨幣供應量，來減緩央行的資金壓力），並持續幾年採用低利率的政策，然而這次並未帶來高通膨。因為寬鬆的貨幣無法流入需要的地方，比如實體經濟和製造業。從實質上來說，這次金融危機的量化寬鬆，迫使政府對銀行持股，救助的只是銀行業，而呈現負值的實際利率使得儲戶的錢藉由銀行又給政府提供了債務資金。別說 QE4 了，就是再來 QE14 對經濟也起不了多大的作用。

很多經濟學者認為，只要貨幣寬鬆，就必然會通膨，貨幣就會越來越不值錢。但這 2 年歐美的情況使他們跌破眼鏡。為什麼？因為金融機構雖然得到大量資金，但都小心翼翼的不敢放出去。限貸造成了嚴重的信貸萎縮，通膨的威脅因此大大得到緩解。而隨著歐美經濟進一步衰退，銀行更加限貸。因此，無論貨幣如何寬鬆也不會通膨，一旦寬鬆停止，就將進入通縮（編按：本書出版的 2022 年情況已有所不同）。

總之，無論美國政府是以債券融資也好，發行新貨幣融資也罷，其本質是一樣的：貨幣就是一種債務、一種借據。貨幣供給的增加儘

管可以讓壟斷貨幣發行量的政府富有，但並不會使一個社會更富裕。

補充說明

全球都有債務

全球總債務有多少？金錢就是債務，你有想過全球共有多少債務嗎？

目前，全球所有個人和國家的債務總額為 200 兆美元！其中約 29% 是 2008 年金融危機後產生的。美國欠下的債務占全球債務總額的三分之一，接著是占 26% 的歐洲和占 20% 的日本緊隨其後，再接下來是中國，有占全球總額的 6% 的 78 兆人民幣債務。

4

成為國際貨幣的
需求與優勢

新聞案例

人民幣匯率 2018 年貶值超 5% 專家稱全年走勢呈四大特點

中國新聞網 2018 年 12 月 28 日

中新社北京 12 月 28 日電，2017 年全年人民幣對美元升值約 5.8% 的漲勢未能在今年延續，隨著 2018 年最後一個交易日資料的公佈，今年全年人民幣兌美元匯率的表現定格在貶值超 5%。

28 日上午，中國外匯交易中心公布人民幣對美元匯率中間價為 6.8632，創下 12 月 6 日以來最高值，較前一交易日上調了 262 個基點。儘管在收官之日以上漲結尾，但人民幣對美元匯率中間價全年仍是走貶近 5.1%。

當天下午的外匯市場上，在岸人民幣（編按：在岸人民幣〔CNY〕，為僅在中國境內交易的人民幣；相對應的離岸人民幣〔CNH〕，則是在中國境外交易的人民幣，例如香港、紐約和倫敦等市場）對美元匯率官方收盤價報 6.8658，續創 12 月 4 日以來新高，但 2018 年全年累計跌約 3600 個基點，跌幅近 5.2%。

在招商證券首席總體分析師謝亞軒看來，2018 年人民幣匯

率走勢有四個特點：一是 2018 年人民幣匯率先強後弱，整體呈現雙向波動的態勢；二是 2018 年人民幣匯率走低的速度快，一定程度上體現匯率彈性的提升；三是先升後降的走勢在人民幣有效匯率上體現得更為明顯；四是經濟主體的匯率預期相對穩定。

||||||||||||||||||||||

新聞解讀

看懂財經新聞的四大原則：

一、特別關注壞消息。這是一則關於貨幣匯率的新聞。這則新聞的核心為「2018 年人民幣兌美元匯率貶值 5%」。

二、專家的話正確聽。本則新聞中的專家為招商證券首席總體分析師，他為 2018 年人民幣匯率走勢總結了四點說明，可視為業界人士的意見做為參考，但須小心背後是否有利益關係，例如，匯率升降的趨勢預估可能和證券商所推行的金融商品相關。

三、分清投資和投機。匯率會造成投資或投機的影響。匯率波動以及預期匯率會影響資金的流動，例如，當人民幣的匯率貶值時，資金將流出國內市場，不利於市場後續發展，反之，當人民幣匯率升值時，資金將湧入市場中，增加市場動能。

四、回歸常識來判斷。人民幣與其他國際貨幣間的關係將如何影響中國與全球經濟？未來的趨勢又有哪些可能？將是本章提供相關知識供讀者以常識判斷的關鍵重點。

與本則新聞相關的財經知識

英國《經濟學家》週刊發布最新的大麥克指數（編按：Big Mac

Index 是用來衡量各國貨幣價值被高估或是低估的程度指標），表示「美國大麥克的平均價格為 4.79 美元；按照市場匯率，中國的價格只有 2.74 美元。所以，此時『粗略的』大麥克指數表明，人民幣被低估了 43%。」

然而，國際貨幣基金組織（IMF）聲明中卻指出：「美國過去一直認為，中國操縱人民幣價值以刺激出口，因此造成幣值被低估。但過去一年來，隨著人民幣匯率不斷的升值，低估的問題已不復存在。」中國應該全力打造匯率彈性，使人民幣的價值調整為同步於經濟增長的步伐，在未來 2 到 3 年內，實現浮動匯率制度。

其實，關於人民幣，經濟金融界已然形成了兩極的看法，國內許多財經專家認為，由於人民幣的超發（編按：貨幣發行量超過了維持經濟正常運行所需要的貨幣量），人民幣匯率即將大幅貶值；而歐美國不少財經專家卻認為，隨著美元安全性的下降，以及中國經濟持續的中高速發展，人民幣在國際上的地位最終將和歐元、英鎊、日元一樣，成為國際貨幣，甚至和美元平起平坐，成為全球的「準備貨幣」。而最極端的聲音是，人民幣總有一天將超越美元！

二戰後，特別是美元和黃金脫鉤以後，美元成為世界貨幣用來衡量其他貨幣，其優勢無可比擬。雖然美元的「金本位制」解體了，美元已不再是世界基準貨幣，但它的影響面向同樣廣而強。到了 1990 年代，美元在世界各地的使用範圍更廣泛，它簡直比金子還值錢（曾一度被稱為「美金」），世界各國央行都必須把美元當成主要外匯儲備。2019 年 1 月 24 日，委內瑞拉總統馬杜羅宣布與美國斷交，立刻引發了委內瑞拉的惡性供貨膨脹，據 BBC 報導通膨率達到百分之一百萬，600 萬委內瑞拉幣兌 1 美元。足見美元的霸權地位。

因為全球大宗商品的定價權，全是以美元結算的。隨著國際貿易活動日益增加，各國對美元的需求也不斷增加，當 1971 年美元和黃

金脫鉤後，便不再受制於有限的黃金儲備，聯準會可以「印製」（發行）比以往任何時候更多的美元——美國政府可以通過國債市場，借入比以往任何時候來得更多的資金。

而且，以聯準會為首的西方工業國的信貸擴張速度明顯加快，貨幣發行達到毫無節制、隨心所欲的程度。美國也變成了世界上最大的負債國，債務規模大到不能讓美國倒塌的地步！

與此同時，美國享受著貨幣發行權和鑄幣稅等多種好處（聯準會通過發行貨幣獲得收入），美元的特殊地位使美國成了「世界央行」，也使得美國不受外匯儲備短缺的制約，避免了巨額貿易逆差可能引致的貨幣危機和債務危機，同時卻能夠藉由貿易逆差獲得國內經濟發展所需的實物資源和大量資金。全球早就「美元化」了，而美元化的趨勢又進一步鞏固了美元的霸權地位。

如果人民幣能夠像美元成為世界貨幣，對中國今後的發展無疑是舉足輕重的，正如季辛吉（編按：美國前國務卿）一針見血的指出：「誰控制了石油，誰就控制了所有國家；誰控制了糧食，誰就控制了整個人類；誰掌握了貨幣發行權，誰就掌握了世界的統治權。」

然而，中國是否做好了人民幣自由兌換的準備？當今主宰世界的金融體系，說到底是華爾街的金融體系。而不受管制的自由市場使華爾街得以獨霸世界資源，使金融投機分子得以從世界範圍的政府、大眾手中，獲得壟斷權力以進行投機，瘋狂劫掠世界財富。我們如果一定要參與這場遊戲的話，那就要隨時問自己：「我們做好與狼共舞的準備了嗎？」

如果人民幣太強的話，出口將變得更昂貴；如果人民幣太弱了，進口導致的通膨上升就會削弱本幣的購買力。一旦人民幣自由兌換，又難免不被華爾街炒作。

順便提一下，美國在 2008 年的金融危機後，採取了三輪的量化

寬鬆政策，力度何其之大有目共睹。但為何美國並沒有陷入通膨？因為聯準會量化寬鬆製造的貨幣，實際上並沒有真正進入流通領域，它所釋放的大量資金，全都被美國銀行和金融機構以儲備金的方式（被華爾街金融機構，如高盛、摩根士丹利）截流，並變成熱錢通過各種管道湧入中國，引發了中國通膨。實際上是由於美元霸權，把美國的禍水引向了中國。

因此，人民幣的問題並不僅是匯率的高低，而在於其背後的信用。通過美國這次金融危機，可以清楚的看到，美元無論匯率高低都是強勢的霸權貨幣。而人民幣的真正強勢，將取決於經濟的真正強大，使之成為自由兌換的強勢信用貨幣。

知識點 1 國際貨幣在全球具有地位

2016 年 10 月 1 日，人民幣正式被國際貨幣基金組織（後簡稱 IMF）納入特別提款權（SDR），成為全球範圍內的國際準備貨幣。這無疑是對人民幣在國際商品和服務貿易領域中已占有較高權重的認可，自此，人民幣可以廣泛用於國際交易的支付，並得以在主要匯率市場上被廣泛交易。根據環球銀行金融電信協會（SWIFT）的資料顯示，人民幣已經成為繼美元、歐元與英鎊之後的第四大支付貨幣。

對此，一些西方媒體表示懷疑，認為人民幣做為國際準備貨幣，取代日元、英鎊在新興市場央行的位置，其條件還尚未成熟。

所謂的「特別提款權」（Special Drawing Right，SDR），又稱「紙黃金」，是 1969 年 IMF 進行第一次國際貨幣基金協定修訂時，所創立的用於進行國際支付的特殊手段，其成員國能以特別提款權獲得儲備籃子中任何一種貨幣以滿足國際收支需求的權利。

此外，「特別提款權」是以歐元、日元、英鎊和美元組成的「一

籃子貨幣」來定值的。人民幣想要納入 IMF 貨幣籃子，必須具備兩個標準：首先，貨物和服務出口量必須位居世界前列；其次，能自由使用貨幣。

隨著中國經濟增長速度放緩，為了挽救出口製造業、有利出口，2015 年 8 月政府允許人民幣擴大交易區間，先是小幅貶值，之後經歷了一個一次性較大幅貶值，令美國為首的西方認為人民幣被操縱了。

但事實上，人民幣兌美元只不過小幅貶值而已，由於掛鉤美元，隨著美元指數的上升，近年來人民幣的總體實際匯率大幅上升，成了亞洲區域最強的貨幣，遠遠強過競爭對手日本、韓國、新加坡，以及香港和台灣等地；此外，這實際上給市場更多賣空人民幣的機會，削弱了人民幣兌美元和歐元的幣值。這使得人民幣越來越接近自由浮動。當然，要真正做到人民幣自由浮動，還有很長的路要走。

自 2008 年金融危機爆發之後，做為向全球經濟注入流動性計畫的一部分，在 2009 年，IMF 股東國同意一次性創造大約 2,500 億美元的 SDR。但由於這部分 SDR 是按參與國對 IMF 的貢獻比例進行分配的，大部分 SDR 資產最後成了已開發國家的外匯儲備。

因此，人民幣納入 IMF 貨幣籃子，可以扭轉「美元獨大」所催生的──「我的美元、你的問題」的局面，使中國等新興市場國家，在 IMF 的投票權與其不斷上升的經濟地位相匹配，有助於增強貨幣籃子的穩定性、代表性和合法性，使得國際貨幣體系向更加穩定的多元儲備貨幣體系發展。

目前，中國正在建立自己的債券市場，期望未來有一天，將被亞洲機構投資者、新興市場央行和大型主權財富基金，做為替代美國國債那樣的避風港，此舉是人民幣融入國際體系，承諾國家金融改革的舉措。

其中，還包括了 2015 年 9 月底，中國首次向 IMF 公布其官方外匯資料，成為揭露季度資料的 96 個國家之一，極大的提高了透明度。而且從 10 月開始，中國宣布採納 IMF 資料公布特殊標準（SDDS），財政部將從四季度起按週滾動發行 3 個月記帳式貼現國債，促進中國金融體系的改革開放。

　　此外，人民幣被納入 IMF 貨幣籃子，意味著人民幣成為真正意義上的世界貨幣，名正言順的成為 IMF（180 多個）成員國官方使用貨幣，以提高人民幣的國際地位，增加人民幣的使用量，免除自身的匯率風險，使中國和世界取得雙贏的結果。

知識點 2 國際貨幣需保持相對穩定

　　先解釋一下什麼是「基點」（Basis Point，簡稱 BP）。其實，基點用於金融上，是「百分之零點零一」（0.01%）的意思。

　　2018 年 7 月 3 日在岸美元／人民幣從 6.6170 上漲至 6.6631，上升 461 個基點（即人民幣下跌 461 個基點），但實際的人民幣跌幅只有 0.7%，不過是小跌而已。如果這樣的跌幅叫「暴跌」，那麼前幾年人民幣兌美元從 8.62 一路升到 6.05（升值 30%），該怎麼解釋呢？

　　事實上，論起匯率的穩定性，加拿大的加幣兌美元也一直上下起伏，在這 10 多年以來，最高值時 1 加幣兌美元曾超過 1.13，而後跌至 0.63 了，這之間的振幅接近 45%。不知道這樣的跌幅，那些媒體又該如何形容呢？

　　人民幣匯率先不談其他因素，至少在可以自由兌換之前，是不可能暴跌的！

　　這裡牽涉到人民幣匯率方面的最基本常識：首先，中國人民銀行授權中國外匯交易中心於每個工作日上午 9:15，對外公布當日人民幣

對美元、歐元、日元、港幣、英鎊等匯率的中間價；其次，每一天銀行之間即期外匯市場人民幣兌美元的交易價，可以在外匯交易中心對外公布的當日，允許人民幣兌美元匯率中間價在 2% 的幅度內上下浮動。

也就是說，人民幣匯率是由中國央行控制的，這些年來基本上都盯住美元浮動。而隨著美元走強，人民幣兌非美元匯率非但不會下跌，反而會升值。

即便是兌美元，從目前情況來看，人民幣匯率也只是區間波動，而大趨勢不變，不會暴跌。

其實各國央行都會干預自己的貨幣匯率，這不出奇。聯準會這些年來對美元的操控不必多說了，2015 年那次瑞士對法郎更是干預得連底線都不存在了！而人民幣還不能自由兌換，中國央行不但會干預，從某種意義上說，其本身就是中國央行自己定的。我一直強調：人民幣在可自由兌換之前，不存在大幅貶值的可能。

同時，7 月 3 日，中國央行官員打破對近期人民幣貶值走勢的沉默，相繼發聲，人民幣迅速回升並收復重要心裡關口，離岸人民幣在紐約交易時段一度記錄到逾 3 個月來最大漲幅。

總之，人民幣並沒暴跌，連大跌都不算，而且要是拿人民幣匯率指數（CFETS）來計算的話，其匯率還在上升。

如今，人民幣已經加入 IMF 的 SDR 貨幣籃子中，隨著國際人民幣使用量逐漸加大，使得人民幣匯率保持相對穩定是大概率事件。

大家在了解這些背景常識之後，對未來人民幣匯率走勢就胸有成竹了，而不必對短期內人民幣匯率的下跌過度反應。

知識點3 國際最強貨幣「美元」的特殊性

隨著中國成為全球第二大經濟體，在一個特定的時間點，每一份合約、每一筆交易、以及每一次結算平台，如果都使用人民幣而非美元的話，那麼「切割」世界經濟和金融蛋糕的大小，已經很明顯的發生了變化。

從理論上來說，只要人民幣使用量增多，便意味著原有美元的蛋糕被切小了。按照這個邏輯，一個國家的貨幣使用率越高，就會變得越來越流行，其購買力和信用也將大大的提高。反之亦然。

然而，當今世界上的法定信用貨幣無需支撐物（比如黃金），就可以自由的印製。其中，美元在全球所奠定的地位——通過世界上主要國家簽署的檔案得到確立，它被當作世界貨幣來衡量其他貨幣，其優勢無可比擬。因此，迄今為止，人民幣的購買力遠不如美元堅挺。

比如，有人曬出了中美兩國的價格差異：「中國，工資人民幣5,000元，吃一頓肯德基人民幣30元，下館子最少人民幣100元，買條 Levis（李維斯）牛仔褲人民幣400元，買輛車最少人民幣3萬元（夏利）；美國，工資5,000美元，吃頓肯德基4美元，下館子40美元，買條 Levis 20美元，買輛車（寶馬）最多3萬美元。」

類似的例子還可以繼續列下去，尤其是「中國製造」商品，在美國賣得比中國還要來的便宜！一雙耐吉（Nike）運動鞋，在中國需要人民幣700元，美國只需人民幣300元上下；一套亞曼尼西裝在中國人民幣3萬元，美國只需人民幣7,000元；一台 iPad（蘋果平板電腦）在中國要人民幣4,000元，而在美國只需人民幣3,300元。

出現上述狀況的原因，是由於出口美國的商品只能用美元結算，再加上商品的定價權在美國手中。例如，糧食、水資源以及發展經濟所需的石油、鋼鐵等大宗商品的定價權，都掌控在美國手中，保證了

美國人長期享受著低通膨的美好生活。

而聯準會的一大功能，就是將美國核心通膨率控制在 2% 的範圍內。近 20 年來，美國物價波動極小，非常平穩。反觀中國，近些年來通膨率已徘徊於 5% 左右，物價上漲幅度大，民眾普遍有感。

近幾年，華盛頓不斷的對中國政府施壓，要求人民幣升值。人民幣升值的顯著結果，就是同一種商品在兩國間產生了不同價格。美元（相對人民幣）對外貶值，而人民幣實際上是對內購買力貶值，所以這一進一出，自然就形成了相比中國，美國物價偏低的現象。

不過，在現實生活中人民幣也並非真那麼不值錢。比如，非國際品牌的商品、當地特產，以及保姆和時薪員工等，就比美國要便宜。中美物價各有高低，不能一概而論。美國吃喝穿用確實是便宜一些，但那些只是美國生活的小部分，真正的大部分開支恰恰是短期到美國旅遊的人感受不到的。比如，美國的地產稅約為 1% 到 3%，視不同地段而定。一棟 50 萬美元的房子，每年要交付 1 萬多美元的地稅，這在中國是不能想像的，就好比青菜和蘿蔔，有時候並不具備可比性。

所以，英國《經濟學人》雜誌推出「大麥克指數」，是一個非正式的經濟指數，在假定購買力平價理論成立的前提下，來測量兩種貨幣的匯率理論上是否合理。這種測量方法，以各國麥當勞餐廳的大麥克漢堡價格，相對於該國貨幣匯率做為比較的基準。

因為，麥當勞幾乎等於美國文化和生活方式，已成為全球化標記，一個國家的麥當勞價位，反映出這個國家經濟與消費能力。

結論就是，中美物價各有高低，不能一概而論。但凡是國際品牌，由於美元定價等前面提及的原因，在中國的價格高，不過，中國很多東西價格非常便宜，只要不是國際品牌的東西，如人工、特產等，還是比美國便宜很多。

綜上所述，美元兌人民幣在 6.5 ～ 7.0（正負偏差 10% 之內）之間，在目前可算是個相對合理的匯率。

美元的特殊性，使得美國成為「世界銀行」，聯準會宣布：「只要美國經濟強勁就升息。」人民幣貶值導致美元上漲，強勁的美元對企業利潤增長是負面的，特別是跨國公司，像是百勝（Yum! Brands）和蘋果公司等。因此，美國的經濟成長率可能會降至 2% 以下，不足以支持加息。也難怪這次人民幣貶值，遭遇到美國政客們的攻擊。

但是，人民幣要成為全球認可的國際儲備貨幣，不可能處於長期升值的趨勢，此輪匯率大幅波動，是逐步走向市場化的必然，隨時上升下降應該成為新常態。從長遠來看，人民幣依然是強勢貨幣，匯率上升是大概率事件。

而一些美國經濟學家對人民幣貶值，他們有著不同的理解：在美元升值的時候，其他的大貨幣都在貶值，只有人民幣沒有貶，還跟著美元上升，人民幣實質和名目有效匯率指數創了歷史新高，這實際上是一個錯誤的決策，現在彌補正合適。

5

不再具有貨幣意義的黃金

新聞案例

紐約商品交易所黃金下跌

新華網 2019 年 01 月 05 日

新華社快訊：紐約商品交易所黃金期貨市場交投最活躍的 2 月黃金期價 4 日比前一交易日下跌 9 美元，收於每盎司 1,285.8 美元，跌幅為 0.7%。

||||||||||||||||||||||

新聞解讀

看懂財經新聞的四大原則：

一、特別關注壞消息。這是一則有關黃金交易市場的新聞。

二、專家的話正確聽。黃金自古以來具有國際硬通貨（編按：又稱為硬貨幣或強勢貨幣，這種貨幣能夠抵禦匯率貶值，具有保值和穩定性）的屬性，價值穩定。而社會發展至今，黃金做為金融產品更有強大的避險作用，即使遇到巨大的市場風險，因為國際硬通貨的避險屬性，價值也不會變為零，價值穩定。而如

今奢侈品、電子工業等領域對黃金更有巨大需求，黃金價格居高不下。

三、分清投資和投機。對於很多投資者而言，黃金在 2018 年失去了不少光彩，隨著美元不斷的走強，黃金價格在 2018 年，特別是下半年不斷下跌。那是因為黃金價格在 2018 年面臨三大主要風險：利率上升、美元強勢、股市波動幅度相對較低。但是有句話說，「盛世古董，亂世黃金」，那麼我們投資黃金真的能保值嗎？此外，購買黃金若是想以更高的金額賣出的話，就可能不是投資而是投機了。

四、回歸常識來判斷。本章節將提供讀者關於黃金的歷史和其價值，相信讀者若能把黃金問題了解透徹，其他的財經問題就能觸類旁通了。

與本則新聞相關的財經知識

知識點 1 黃金從貨幣變為資產的歷史脈絡

黃金與銀、銅一起充當貨幣歷史悠久。「金錢」這個詞，在中國人的思維裡，很自然的把黃金與貨幣聯繫在一起：金子就是錢，錢就是金子。19 世紀英國批判現實主義作家查爾斯・狄更斯，在《董貝父子》（*Dombey and Son*）中描寫了這樣一個故事情節：董貝的兒子問他什麼叫錢，董貝告訴兒子：「金子、銀子和銅就是錢。」

黃金的熔點低（1064℃），延展性好，化學性質穩定，不易氧化，是鑄幣的極佳材料，因此，黃金貨幣成為貴重金屬貨幣家族成員中最光彩奪目的一員。大家都知道牛頓是英國物理學家、數學家，但

很少有人知道他還是名煉金術士。1717年，牛頓在主管英國皇家鑄幣廠期間，把黃金的鑄幣價格定為每盎司3英鎊17先令10.5便士，鎊的這個「含金量」一直延續到1931年，214年保持不變，歷史上英鎊幣值之穩定由此可見一斑。

用黃金做貨幣，它的優點同時也是它的缺點。就拿稀缺性來說，由於黃金過於稀缺，內在價值很大，在購買諸如一包火柴之類的小商品時讓支付變得非常困難，因為所需的金子微薄得像頭皮屑一般，無法用手拿取，只能把金子從錢袋裡倒在光潔的桌面上，把應該付款的那點金幣用舌尖小心翼翼的舔起來支付給店主。

黃金熔點低、比較柔軟，這就給偽造貨幣和從金幣上切削黃金帶來便利。不法分子可以把金幣熔化，重新鑄造，要麼品質不足，要麼在裡面加入廉價金屬。甚至普通百姓也可以「偷」金幣上的黃金，在金幣的邊緣上切削一小塊。為了防止人們切削金幣，後來就在金幣的邊緣上軋上花邊，如果有花邊缺損，就證明有人在金幣上做了手腳。

此外，金幣的正常流通也會因磨損而不斷「瘦身」。人們手中有貨真價實的良幣和缺斤短兩成色不足的劣幣，總會先把劣幣花掉，把良幣留到最後花，或把良幣熔化按成色十足的黃金商品出售，獲取更高的價值，這就是俗稱的「劣幣逐良幣」，即「格雷欣法則」（Gresham's Law）。1529年，法國國王弗朗索瓦一世支付西班牙的戰爭賠款，西班牙人花了4個月的時間清點這筆賠款，從中挑出了4萬個劣幣拒絕接收。

慢慢的，紙幣就替代了黃金等金屬貨幣，因為紙幣便於攜帶和支付，幣值標註很容易，不到巴掌大的紙上，想印多少就是多少。一開始規定一張紙幣裡含有多少黃金，紙幣和黃金可以互相兌換。例如，1934年到1967年1美元的含金量一直是0.888671克，政府要想印一張面值為100美元的鈔票，必須有88.8671克的黃金支持，金庫裡沒

有增加這麼多黃金，鈔票就印不出來。在這種用黃金支持紙幣的金本位貨幣制度下，鈔票與黃金是等值的，鈔票就是黃金紙。

用黃金支持貨幣，這就束縛了政府的手腳。政府需要錢，如果增稅，百姓會抵制，可沒有黃金又印不出鈔票來，這可難壞了政府。於是，政府便狠心廢除金本位，讓貨幣與黃金脫鉤。這樣，政府不需要增稅，也不需要黃金，需要多少錢就印多少鈔票，可以很輕易的解決政府的龐大開支。所以，政府超發貨幣的本質就是徵稅，因為流通中的貨幣增加，誘發通貨膨脹，物價上漲，政府就把百姓腰包裡的錢「偷」走了。

什麼是貨幣確實很難說清楚，教科書一般就含混的把貨幣定義為：「在任何交易過程中流通的、充當產品或服務的通用的計價單位的物品」。但究竟是哪些物品？大名鼎鼎的諾貝爾經濟學獎得主米爾頓‧傅利曼也說不清楚。他給貨幣的定義更讓人丈二和尚摸不著頭腦：「貨幣就是具有貨幣的作用」（Money is what money does.）。如果 19 世紀就有數位貨幣，可以在網路上甚至拿張金融卡或用手機轉帳支付，估計馬克思也不會說「貨幣天然是金銀」了。

雖然很難給貨幣下個精確的定義，但**貨幣必須具有的三大功能幾乎是公認的，即交易媒介、價值尺度（記帳單位）和價值儲藏**。現在，人們不能把黃金做為交易媒介，也不能用黃金為商品或服務標價，或用黃金做為記帳單位，現在的黃金充其量只具有價值儲藏功能。黃金只具備貨幣三大功能中的一個功能，顯然不能再稱其為貨幣。

2011 年 7 月 13 日，聯準會主席班‧柏南克在國會報告貨幣政策時，聯邦眾議員羅恩‧保羅問他：「黃金是貨幣嗎？」柏南克這樣回答：「黃金不是貨幣，它是一種資產，就像國債是一種資產一樣。」

知識點 2 在供需關係中黃金的非必需性

在過去多年裡，中國的黃金和白銀投資需求呈爆炸式成長。中華民族是一個傳統上對黃金很有偏愛的民族。黃金寓意吉祥富裕，象徵權力地位，在中國人心中一向有特殊地位。在很多重要時刻，如嫁娶、壽宴、新春、添丁等，老百姓都喜歡將黃金做為禮物。中國自古還有「亂世買黃金」的說法，就是說，每當危機來臨時，人們總是希望借助一種便於儲藏財富的優質貨幣（或商品），以度過亂世，並期望財富代代相傳。以上的內部原因都解釋了中國人買金的熱情。

而在外部原因上，美國金融危機遠未平復，世界對以美元做為保值的貨幣失去了信心；歐元區和日本經濟形勢更不容樂觀，歐美股市高處不勝寒，而中國股市有心無力，其他商品也在高位。特別是通膨預期上升，看來看去，好像就只剩下黃金這個最後堡壘能確保財富的價值了。

真是這樣嗎？

在回答這個問題之前，讓我們先翻開資本的發展史，來了解一下金本位的建立和崩潰。在資本主義的發展初期，採用的貨幣制度是銀本位。隨著生產力的迅速發展和提高，對貨幣的需求猛然增長，銀本位逐漸被金本位取代。所謂的「金本位」制，就是每單位的貨幣價值等同於若干重量的黃金（即貨幣含金量）。儘管黃金比白銀貴重，但金屬貨幣畢竟有限，當財富越來越集中在少數人的手裡時，社會流通的貨幣就少了，這無疑阻礙了經濟的發展。以 20 世紀大蕭條為例，因為生產出來的商品無法兌現，形成所謂的產能過剩，生產力大大超過了黃金的總量。如果說那是金本位惹的禍大概也不為過。就因為金本位制，當年無法通過大量發行貨幣來緩解壓力，銀行紛紛倒閉。當然，最終受害的還是普通百姓。

後來，美國總統羅斯福發布新政，其中有一條是把美國民間所有的黃金都收歸國有，從而廢除了金本位制，然後又發行信用貨幣，這才度過了大劫難。但這也只是保證不再有人餓死。據說美國在大蕭條中餓死的人占當時總人口的 7%，足可見金本位之恐怖。

　　資本發展到了現代社會，虛擬貨幣──信用貨幣（非金銀）的推出促進了貿易的發展。在資本市場上籌集的大量資金，幫助科學與技術取得突飛猛進的發展。信用貨幣取代金本位的過程告訴我們，期望以黃金來保住財富是不靠譜的。歷史證明，財富就像流動的水，絕不可能靜止不動，否則就是死水一潭，早晚會枯竭。

　　在一般認知中，黃金是稀有貴重之物。全世界所有黃金放在一塊兒，也只能裝滿一個奧林匹克比賽用的游泳池。但是自從脫離了「金本位」那天起，黃金就降為普通商品了，即使再貴重也只是商品。而任何商品都有一定的合理價位。2、3 年前，一份有關黃金提煉成本和預期利潤的分析報告指出：黃金的合理價位應該在每盎司 400 美元左右。當時美元還處於弱勢；就算這幾年美元貶值 25%，黃金合理價位也不該超過 800 美元／盎司。

　　而一旦進入市場，黃金的價格就將根據「供需關係」來確定。請注意，這裡的需求是指「剛性需求」（編按：指較少受價格升跌影響的必須需求，像是房地產）的需求，不包括炒作投機的需求。《科學》期刊裡面有篇文章提到：「據科學家推斷，地殼中的黃金資源大約有 60 兆噸，人均 1 萬多噸。截至 2005 年，人類採挖出的黃金不過 12.5 萬噸，約占總儲量的六億分之一，人均只有 20 克。」「因為提煉黃金的技術落後、工藝複雜、不能規模化生產等，決定了它稀有、市價高。」「如今科技發達，黃金不再受產能所限，再生金、合成金等大量出現，擠壓了它做為飾品原料的市場份額」。

　　當一種商品的價格達到一定高度，人們沒能力購買時，需求就會

下降，黃金也不例外。比如印度人和非洲人，可以說是世界上最喜歡佩戴金飾品的民族，恨不得全身上下被黃金包裹。可如今金價這麼昂貴，首先就逼迫他們退出了購買的舞臺；其次，黃金在工業上的重要用途，大部分早已被其他金屬替代了。所以說，黃金的「剛性需求」並不剛性。

▌知識點3 黃金只是一種投機商品

炒作投機的需求，帶來的正是合理價位之上的泡沫，也就是說，再值錢的商品也要看你在哪個價位買入。在合理價位之下買入才會物超所值，起到保值增值的作用。一旦超越了合理價位買入，你便進入了一場擊鼓傳花的遊戲，即投機炒作的零和遊戲中。只要沒人接你的棒，你就成了最後的那個「傻瓜」，你所投入的錢便落入了他人的腰包。而投機客正是趁著價格的暴漲暴跌獲利。芝加哥期貨交易委員會（CFTC）的調查就證實，2008 年上半年油價上漲，70% 是投機行為推動的；2008 年下半年油價下跌，80% 也是投機行為造成的。

你可能要問，投機和投資到底有什麼區別？當你買入一個金融產品之後，如果是指望這個產品能不停的產生收入，比如定期得到利息分紅和房租收入，這叫投資。投資的收益是來自投資物所產生的財富。如果你買入一個金融產品後，是想以更高的價格賣出的話，比如股票、房子、黃金的低買高賣，那就是投機；投機的收益，是來自另一個投機者的虧損。

只要弄清了投資和投機的區別，金價在無剛性需求的情況下還能驚人高漲就不難理解了。其實要論投機報酬，近 2 年，大蒜、綠豆的價格都能翻倍，和闐玉的價格漲幅更是超過了百倍；黃金的飆升速度也遠不如它的「弟弟」白銀。

大家是不是常聽人叨唸：某人幾年前買入黃金，現在財富翻了幾倍；某人幾年前在北京、上海買了幾套房子，現在已是千萬富翁了。沒錯，這些恐怕都是事實，因為發財的故事往往被人津津樂道，而虧錢的窩囊事可沒人願意提。但問題在於「千金難買早知道」，類似的話也可以倒過來說。譬如 20 世紀末，在「.COM」瘋狂的時候，納斯達克指數曾高達 5000 多點。如果那時入市的話，你可虧大了，10 年間納斯達克指數曾一路跌破 1000 多點。

　　更極端的是日本股市，從 1990 年的 40000 多點，一路下跌至十幾年前的 7000 多點。近幾年依然在 10000 到 20000 點之間波動。再要爬上 40000 點，看來真是遙遙無期了。投機房市也一樣。美國房價從 2006 年 7 月開始像自由落體一樣，專家預測將跌回 1998 年甚至 1996 年的價位。想回到 2006 年時的價位，道阻且長；日本東京的房價離最高點時跌掉 90%，迄今東京房價和最高點相比依然腰斬，很多人到死可能也等不到解套。中國的 A 股也一樣，誰要是在當年最高的 6000 點時進入，那就別對「解套」抱太大希望了。就連華爾街那位曾鼓吹 A 股會破 10000 點的「死了都不賣」先生，如今也只好尷尬的找了個臺階「將那些股票留給孩子吧」。真可謂「愚公移山」，反正子子孫孫是沒有窮盡的……

　　如果你不幸是後面那些故事中「最高點買入，撐不住而拋」的倒楣蛋，那麼你「割肉」的錢恰恰就奉獻給了前面那些故事中低買高賣的人了。

　　美國著名經濟學家席格爾（Jeremy Siegel）教授在分析了過去 200 年中幾種主要投資商品的收益後發現，如果在 1801 年以 1 美元進行投資，到 2003 年的結果是：投資美國股票的 1 美元將變成 579,485 美元，年化複合報酬率 6.86%；投資企業債券的 1 美元將變成 1,072 美元，年報酬率 3.55%；投資黃金的 1 美元將變成 1.39 美

元。這裡的報酬率是扣除通膨後的實際收益。而如果持有現金,那今天 1 美元的購買力只相當於 200 年前的 7 美分,剩下 93% 的貨幣購買力都被通膨侵蝕了。可見,黃金的真實長期投資收益率遠不如股票,甚至還不如債券,抗通膨更是完全不可能的事。

其實,黃金的根本問題在於對黃金投資沒有利息收益,這決定了黃金只能靠價差獲利,在金融市場中,只能是投機商品,而非投資商品。100 年前你買了一根金條,100 年後它還是一模一樣的金條,因此在本質上難以估價。這樣的現實就決定了金價的走勢取決於人氣和市場心理,尤其是避險需求有多大。只要黃金趨勢已發生了根本性扭轉,暴跌可以發生在任何一天,也不需要任何理由。

知識點 4 找不到買家,黃金就不具價值

自 2008 年金融危機以來,全球各國在一輪又一輪的救市政策中放出了天量的資金。通過華爾街所用的金融化手段(即證券化或期貨),尤其在全球避險基金的推波助瀾下,借助於一個又一個傳奇故事,把黃金、白銀、石油以及全球各種大宗商品的價格推向一個又一個新高。熟悉看懂財經新聞四大原則的讀者會知道,這就是炒作和投機,使得資產價格脫離了合理價位而出現泡沫。很顯然,天量資金通過槓桿,其結果令金、銀等貴金屬產生了天量的泡沫。例如,黃金價格從 2008 年第四季度末的 790 美元/盎司左右,上漲到 2011 年的 1,923 美元/盎司,漲幅高達 243%。

然而,只要市場發生哪怕微妙的變化,如交易所的去槓桿化,市場會立刻做出反應,認為資源類商品泡沫過大,像索羅斯那樣敏感的金融大鱷就會做空。只要一點火星,便會導致資源類商品泡沫的破滅。有史為鑒,是泡沫就終歸要破。通常情況下,泡沫從哪兒被吹

起，最終就該回落到哪兒，這是無法改變的現實。2013 年 4 月，這場 30 多年來最大的黃金跌幅瞬間抹去了全球貴金屬儲備 1 兆美元的價值。沒能及時逃過這一劫的投機者真是欲哭無淚。

巴菲特有句名言：「在別人貪婪時，你要恐懼。」意思很簡單，一旦經過理性的分析，了解到哪些熱點出現了泡沫，就千萬別去湊熱鬧。大家都怕現金會貶值，但如果一不留神在高位買入「泡沫商品」，那就不是貶值的問題了。相信被「套牢了」的投資者應該明白了，他解套的那天，其實就是下一個「傻瓜」接棒的那一天。

其實，名畫、古玩能不能保值的問題和鑽石、黃金一樣。曾經，美國一位著名畫家的三幅現代畫，拍出了 100 萬美元以上的高價，後來才透露出，其中有兩幅畫是他女兒 4、5 歲時的塗鴉之作；還有一幅畫則更離譜，是家裡一條小狗的大作！前幾年被炒得沸沸揚揚的圓明園獸首拍賣事件也很誇張。一位收藏家揭露說：「10 多年前他曾經收藏過一個獸首，是在一個跳蚤市場花 2,000 美元買來的。」

2011 年以來，金絲楠木行情突然爆發，成為最瘋狂的木頭。高峰時，一根金絲楠烏木從最初的幾萬元，炒到了幾千萬元的天價！但瘋狂過後的行情，又讓人措手不及！前年底，金絲楠烏木突然大跌。從幾千萬一根，一路跌至目前 2、3 萬一噸！又成了一個投機品的典型案例！

除了「名畫」和古玩，像名錶勞力士、名車勞斯萊斯、名包 LV 等，它們的賣價遠遠超過其真實的價值。也就是說，那些東西的「價值」在於下一個買家願意出多少錢來接手。如果有閒錢買來把玩一下倒也無妨，但它們本身無法帶來收益，所有的收益都取決於下一個買家。指望保值增值，那就和我們小時候玩過的擊鼓傳花一樣，得祈禱下一個傻瓜出現了。

博傻理論（greater fool theory）是指在資本市場中（如股票、證

券、期貨市場），由於人為炒作和投機，人們完全不管某個東西的真實價值而願意花高價購買，是因為他們預期會有一個更大的笨蛋願意花更高的價格從他們那裡把它買走。博傻理論告訴人們的最重要的一個道理是：在這個世界上，傻不可怕，可怕的是做最後一個傻子。

知識點 5 黃金已是延續 6000 年的泡沫

英國券商 ADMISI 的大宗商品分析師保羅‧邁爾奇利斯特（Paul Mychresst），在他發表的最新報告中稱：「倫敦做為全球黃金市場中心的地位和聲望正處於危險之中，除非倫敦金銀市場協會、英國央行和其他股東進行迅速而廣泛的改革。」

邁爾奇利斯特依據的是倫敦金銀市場協會、英國央行金庫的存金數量，以及海關總署的英國黃金淨出口資料，計算得出倫敦現貨黃金（不包括 ETF 和央行所持有的黃金）盈餘已經為負數。

因為在過去 4 年中，銀行根據市場需求大量出售「紙黃金」，可能已經沒有能力承擔償付責任，因此造成倫敦市場的現貨黃金短缺。

這份報告的英文原名是「黃金市場之死」（Death of the Gold Market）。其實，類似的分析報告幾乎每年都有，已經好多年了。而這類「新聞」在歐美，甚至連有公信力的一線財經媒體都上不了。不過，前幾年，中國有些專家就是以這類報告為主要根據之一，鼓吹黃金要漲破 5,000 美元，甚至 10,000 美元／盎司。而這幾年，金價走勢恰恰相反，曾經漲到最高位的 1,920 美元／盎司，之後不斷的進二步、退三步，一路跌至目前的 1,200 ～ 1,300 美元／盎司之間。

而從金融角度仔細分析一下就會知道，無論有多少紙黃金要求兌現成實物黃金，經由紐約商品期貨交易所（COMEX）和倫敦建立起來的分數黃金體系（類似分數儲備銀行體系），都能滿足償付責任。

雖然由於全球寬鬆的貨幣政策，導致亞洲市場對實物黃金的需求越來越強勁。然而有趣的是，相比實物黃金短缺的問題，不必為紙黃金價格表面的上漲擔憂。因為，隨著紙黃金在黃金市場的價格越高，拋售黃金的賣方就會增多，而正負相抵，市場對實物黃金的需求就會降低。

　　就拿對黃金需求最大的央行來說，近年來，除了中國和俄羅斯央行買入了全球央行購買黃金總量的 85%，絕大多數國家的央行對黃金需求大幅消退，這幾年，加拿大央行甚至拋空了所有黃金。

　　自 1971 年黃金徹底和美元脫鉤之後，就已經失去貨幣的屬性降格成為大宗商品，漸漸失去了往日的光彩。因為黃金既非像貨幣能帶來利息，且儲存實物黃金還必須支付保管費。

　　不過，華爾街利用了幾千年來人類對黃金的特殊情結，將其成了華爾街最佳的金融炒作工具。尤其是過去的 44 年間，黃金至少出現過六次泡沫以及崩盤的週期：1974 ～ 1976 年、1981 年、1983 ～ 1985 年、1987 ～ 2000 年、2008 年，以及 2013 年至今。

　　其次，黃金做為只是一種大宗商品的概念，對於投資黃金的人來說恐怕是個噩夢。因為它不像消費石油或大豆，開採出來的黃金只有三分之一，被用於珠寶和工業用途，其餘的只是被壓在保險箱裡了。如果黃金持有者決定轉移資金，投資到另一個不同的資產類別，將不斷的蠶食鎖在保險箱裡的黃金價值。

　　因為資本永遠是逐利的。當一種商品被低估的時候，就會買入，以求高價賣出獲利；同時，當一種商品被高估了，也會高價賣出，以求低價買入時獲利，這是資本市場的屬性，做為大宗商品的黃金也不例外。

　　舉例來說，當金價處於相對低位的時候，索羅斯順勢唱空，誘騙他人低價賣出，而隨著金價的反彈，他唱空做多獲利。目前，金價被

炒反彈接近每盎司 1,300 美元，索羅斯反倒唱多了。只要長久關注索羅斯就不難看出，他又在唱多做空，誘騙大眾進場接棒了。參考看懂財經新聞的四大原則之二──不被「專家」誘騙，讀者朋友就不會輕易被「專家」牽著鼻子走了。

對於央行來說，如果對自己發行的貨幣的信用信心不足，黃金儲備可以起到保險的作用。但是對於普通百姓來說，喜歡黃金做飾品無可厚非，但想做為投資品就會大失所望。

事實上，花旗首席經濟學家威廉姆·彼特（Willem Buiter）曾尖銳的指出，黃金並沒有那麼值錢，只不過是「延續了 6000 年的泡沫」而已。聽聽他怎麼解釋：

黃金不同於其他任何商品，唯一和它最像的東西只有比特幣等類似的虛擬貨幣。黃金從地下開採出來，冶煉至一定的純度，這是非常昂貴的。而且儲存起來也很昂貴。這一點和比特幣很像。此外，黃金也沒有太大的工業用途，其所有的工業用途都有與它類似或更好的替代品。

黃金只不過是另一種形式的法定貨幣，它之所以具有價值，是因為人們相信它有。黃金有價值，並不是因為它可以用來繳政府的稅收，也不是因為它可以被國家用來償還債務。相反，法定貨幣的定義表明，它沒有內在價值。黃金的價值僅僅來自於，大量的經濟行為證明，人們相信它有價值。

做為一種法定的商品貨幣，黃金有可能在其他貨幣貶值或失去信用的時候出現升值。雖然黃金是一個純粹的泡沫，但這個泡沫可能還會再延續 6000 年。

威廉姆·彼特表示，在今後的 6000 年裡，它的價值可能會從 1,200 美元／盎司升值 1,500 美元，甚至 5,000 美元。將大量的資金用來投資一種沒什麼價值的商品，而其大部分價值只是來源於不斷的自

我激勵，想想就令人興奮不已。

　　根據彼特繪製的自 1790 年以來黃金的名義價值和通膨調整後價值的對照圖，顯然，黃金無法抵禦通膨。既然黃金無法抵禦通膨，那金市就是零和市場，即一部分人的錢流入另一部分人的錢包裡了，再扣去交易成本、經紀費用等，虧錢的人肯定超過賺錢的人。而你進入金市後，要是不知道誰在虧錢的話，那虧錢的人就一定是你。

▋ 知識點 6 各國央行儲備黃金做為保險

　　最後，回覆一下對於黃金詢問度最高的問題：「既然黃金不是投資品，也不保值了，為何各國央行都儲備呢？」

　　由於幾千年來，人類對黃金產生了一種宗教般的信仰──黃金情結，央行儲備一定數量的黃金，其實是給貨幣持有人吃一顆「定心丸」，相信政府不是在憑空印鈔票，而用有黃金這「壓箱底」的資產來做為信用擔保。一個詞：「保險」──其實，央行儲備黃金是保險之用，以備不時之需的！

　　而從貨幣戰爭的角度來看，央行儲備黃金就好似國家擁有原子彈，是貨幣戰爭的籌碼，但擁有原子彈的目的，恰恰是為了不使用原子彈。而對於普通百姓來說，有必要擁有原子彈嗎？！

　　事實上，自 2008 年以來，光上海黃金交易所就已累計交割了 6776 噸黃金。由於傳統黃金進口大國（如印度），每年買入黃金量變化不大，顯然中國是這次金價從 2009 年至 2011 年大幅飆升的最大推手。而任何一筆交易都是由買賣雙方形成，有買家就有賣家。在中國天量買入的同時，金價這 2 年的還依然大幅下跌，正說明了歐美的大肆拋售！

　　顯然一旦中國央行買入量放緩，金價將進一步下跌。

上面足足花了上萬字來談黃金的問題。相信讀者要是能把黃金問題了解透徹了，其他的財經問題就應該能觸類旁通了。

第 **5** 章

財經新聞中的
經濟社會

　　在閱讀了前 4 章之後，想必大家對如何看財經新聞的四大招數已經運用嫻熟了。正如之前所說的，這四條原則的核心是回歸常識。每個人都可以自由的運用這一條法則，它不需要你有淵博的學識，也不要求你有過人的智慧，只要你稍微多動一點腦筋。

　　在最後這章中要和大家討論的正是「回歸常識」。它可以幫助你化繁為簡，撥開迷霧，甚至可以（希望）讓你頓悟真理，感覺醍醐灌頂。

　　我們應該學美國大力宣導舉債度日的消費模式嗎？北歐人順應自然、腳踏實地、健康環保的作風是不是更值得我們學習？地球極端天氣的頻繁爆發和自然環境的日益惡化是人類自釀的苦果嗎？在全球經濟繼續掙扎搖擺的今天，照亮明天的燈塔在哪裡？你終於住上了豪宅，開起了跑車，吃上了魚翅，但是——你幸福了嗎？

1

不再美好的美國夢

報告：半數美國家庭比金融危機前更貧窮

中國新聞網 2018 年 08 月 13 日

　　據美國《僑報》報導，次貸危機摧毀了許多美國家庭，但如今，美國中位數家庭收入高於危機前，失業率更低，整個國家似乎已經從危機中恢復了過來。不過，所有這些好消息都掩蓋了一個更大的真相：在財富方面，最貧窮的美國家庭的情況比 2007 年更加糟糕。

較貧困家庭與財富復甦失之交臂

　　據報導，美國明尼阿波利斯聯邦儲備銀行最近發布一份報告顯示，在對 20 世紀 70 年代至 2016 年美國家庭財富趨勢的研究中，經濟學家們發現，儘管在 2008 年金融危機後受到短暫打擊，但自那時起蓬勃向上的股票市場，讓美國 10% 最富有的人過得比以往任何時候都好。相比之下，在 2016 年，收入靠後的全美半數家庭擁有的財富，僅為 2007 年的一半。

　　造成這種結果的原因是，較貧困的家庭通常投資於房屋和其他實物資產，而幾乎沒有資金投入股市，這讓他們與金融危機之

後的財富復甦失之交臂。

||||||||||||||||||||||||

新聞解讀

看懂財經新聞的四大原則：

一、特別關注壞消息。一看標題我們就知道這屬於「壞消息」，次貸危機摧毀了許多美國家庭，半數美國家庭比金融危機前更貧窮。美國不可持續發展的經濟和消費的模式特別值得我們警惕和學習，了解美國模式為何是錯誤的，才能避免重蹈覆轍。

二、專家的話正確聽。新聞中提供統計資訊的專家，是美國政府聯準會下的第九聯邦準備區所發布，具有一定的可信度。人類自進入工業社會以來，實體經濟（商品和服務貿易）和虛擬經濟（金融資產交易）的規模比實現了驚人的調換。1970 年，人類實體經濟的規模大約在 5.5 兆美元，而虛擬經濟總量則不超過 5,000 億美元。如今，實體經濟規模約 77 兆美元，而虛擬經濟則膨脹到了 5,000 多兆美元。實體財富被瘋狂證券化之後，吹起了一個又一個泡沫，1% 的人的財富積累越來越快。國際著名財富研究公司 Wealth-X 發布了年度億萬富翁調查報告顯示，全世界擁有 10 億美元淨財富的個人，在 2015 年已經達到了 2473 人，為史上新高水準。Wealth-X 還發現，這些富人比以前任何時候都更加有錢，他們的財富合計起來較 2014 年增長 5.3%。與此同時，金融業依然是最盛產億萬富翁的行業。金融讓誰富有已經顯而易見──反正不是你我普通百姓。

三、分清投資和投機。在這樣的現狀面前，還有什麼我們可以做的嗎？有──那就是投資自己！人才是社會最寶貴的資源之

一，也是經濟發展的動力，根據我們在前言中分析的，對人的投資、對教育的投資才是最好的投資，社會的財富需要靠創業者和就業者來創造，而良性的發展模式應該為人才更好地提升自我，從而為社會服務提供土壤，在這一點上政策的支持非常重要。

四、回歸常識來判斷。這樣的結論用「回歸常識」的原則來分析也不難得出，凡是違背自然規律的發展模式必不會長久。

與本則新聞相關的財經知識

近幾年來，美國有線新聞網 CNN 連續不斷報導，美國中產階層經歷了收入增長停滯的 20 年，但富人腰包卻在不斷膨脹，導致貧富分化擴大。

這是一個不折不扣的壞消息。讓我們看看它壞到什麼程度。占美國家庭總數 1% 的最富裕家庭，目前在美國社會收入中所占份額是 1929 年以來最高的。根據美國國稅局的資料，若計算通膨因素在內，1988 年美國納稅人平均年薪為 3.34 萬美元，但到了 2008 年，他們的平均收入不但沒有增長，甚至還略有下降，到了 3.3 萬美元（若扣除通膨的因素，可謂收入顯著下降）。與此同時，占美國人口 1% 的富人，即年收入達 38 萬美元以上的人群，20 年來收入增長 33%。

皮尤研究中心（Pew Research Center）的資料顯示，在 2016 年，大約有一半的美國人生活在中產階級家庭，但與中上層階級相比，中產階級家庭的收入增長相形見絀。

美國中產階級的比例從 1971 年到 2011 年下降了 10 個百分點，但此後一直相對穩定。此外，2016 年中產家庭的財務狀況比 2010 年要好，他們的收入中間值從 74,015 美元上升到 78,442 美元，增幅為 6%。不過，皮尤研究中心的資料顯示，即便是這些漲幅也沒有超過

2000 年的水準，顯示 2008 年經濟衰退的「揮之不去影響」。

　　中產階級是社會的中流砥柱。這個本應支撐起美國經濟的階級卻正成為「垮掉的一群」。美國中產階級的隕落將意味著美國夢的幻滅。美國模式錯了嗎？美國怎麼會走到今天的這一步？

▌知識點 1 ▍美國中產階級的 15 個驚人事實

　　美國中產階級在金融危機中遭受了巨大的打擊，留在他們身後的是一連串的房屋止贖（編按：因貸款人無力還款，貸款機構強行收回其房）、無數的失業和遭受摧殘的健康。以下資料出自美國《大西洋》雜誌，顯現美國中產階級受打擊的範圍之廣和強度之大，令人觸目驚心。

1. 全美 33% 的男性在處於失業狀態。美國人口中男性總數的 66.8% 擁有工作。這一資料處於有紀錄以來的最低點，原因是經濟衰退和人口老齡化的雙重作用。

2. 全美 74% 的人口減少支出。由於各項物價的上漲，從穀物到汽油，74% 的美國民眾減少了他們的日常支出。

3. 地產稅提高。彭博社資料顯示，美國一個家庭的地產稅中值在 2005 年為 1,614 美元，現在為 1,917 美元。雖然企業稅在全國範圍內有所下降，各州和地方稅收總量實際上幾乎增長了 16%。

4. 數百萬美國人未能按時繳付房貸。2011 年 3 月的調查顯示美國三分之一的屋主所欠的房貸數額高於他們的房屋價值。

5. 典型的遭遇止贖的屋主已有一年半未還房貸。今天，遭遇止贖的屋主平均 17 個月未還房貸。2 年前，房屋被迫收回的屋主平均 11 個月未還房貸。

6. 全美 13% 的房屋處於空置狀態。美國全國房屋的空置率超過了 13%，而緬因州則以 23% 的閒置率名列全美第一。在被金融危機嚴重打擊的佛羅里達州和亞利桑那州，房屋閒置率各為 17% 和 16%。

7. 貧困兒童數量在 2 年裡增加了 200 萬。生活在貧困線以下的兒童數量在過去 2 年內大約增長了 200 萬。這是政府在經濟衰退期間的反貧困支出大幅上漲的原因。

8. 美國超過半數的員工每週收入不及 500 美元。Tax.com 的資料顯示美國薪水水準的中間值已經降至 26,261 美元，相對 2000 年水準減少了 1,924 美元。

9. 美國信用卡債務總量提高了 800%。美國當今信用卡債務總量相對 30 年前增長了 8 倍多。原地踏步的工資水準和寬鬆的信用，讓美國中產階級在進行一些基礎性的支付時也選擇了信用卡。

10. 美國學生貸款數額達 9,000 億美元。美國人所欠的學生貸款總量已經超過 9,040 億美元，這是有史以來的最高紀錄。FinAid.org 估計全美學生貸款上漲的速度為每秒 2,853.88 美元。

11. 美國破產人數增長了 100 多萬人。150 萬美國人在 2010 年申請破產，這一資料已經連續 4 年上漲。

12. 在過去 10 年中，美國沒有醫療保險的人數已經從 380 萬人增長到 520 萬人。

13. 醫療費用引發了 60% 的美國民眾破產。即便是擁有醫療保險的人日子也不好過。美國 60% 的個人破產是由於醫療費用過高所致，這些破產多發生於已經置產的中產階級家庭。

14. 家庭財富減少了 23%。美國家庭淨資產中間值在 2007 年至

2009 年間下降了 23%。CNN 的報導顯示，美國家庭財富淨值中從 2007 年的 12.5 萬降至 2009 年的 9.6 萬美元；

15. 美國 25% 的家庭所有的家庭財富為 0，甚至為負值。在 2007 年，這一數據為 18.6%。紐約聯邦準備銀行 2016 年發布一份報告顯示，14% 的美國家庭淨財富為負值。

知識點 2 與貧窮的距離只有 3 個月

美國人到底欠了多少債呢？

根據「經濟合作暨發展組織」的資料，美國的財政赤字、欠債金額的最新資料已達到天文數字，總債務（公司債務＋私人債務＋國債）約為 70 兆美元，平均每一個美國人欠債高達 23 萬美元，折合人民幣的話人人都是百萬「負」翁。這個欠債，有美國政府的欠債，美國是聯邦制，各個州也舉債。例如，加州已經欠了 280 億美元，加州已無力償還，瀕臨破產。

除此之外，美國的各個公司也舉債。每個家庭就不用說了，大到買房子、買汽車，甚至買電視機也分期付款。買 4、500 美元的床墊，他也要去刷卡分期。這些年來，每個美國人平均每賺 100 美元，要用掉 145 美元以上。很多美國人每月等著發工資付帳。每月 4、50 張帳單，都是分期付款，而且很多人往往只付帳單的最低還款額部分。

根據 CNN 的一項調查，現在美國中產階級離窮人只有 3 個月的距離。一旦被炒魷魚，領完 3 個月的失業救濟金後，就付不起那些帳單了，他立刻就變成了窮人，所謂窮人就是宣布破產。

美國大量信貸消費出現在 1971 年之後。1971 年之前的 300 年間，包括英國殖民地時期，美元和黃金是掛鉤的，按照每盎司黃金發

行 35 美元的比例，不能亂發行鈔票，到 1971 年以後，美元和黃金脫鉤了。在理論上，那時候開始，聯準會可以無限量的發行美元，金融機構包括銀行需要錢的話，都能很輕鬆的從聯準會得到錢，得到錢以後它就可以放貸了，所以就鼓勵老百姓提前消費，放貸以後它賺利息，這是金融機構最基本的利潤來源。

在 1971 年前的 300 年間，美國的房價保持在家庭年收入的 1.6 ～ 1.8 倍，也就是說一個家庭年收入 3 萬美元，那麼它的房價也就是 4.8 ～ 5.4 萬美元。1971 年以後，因為可以比較容易的得到信貸，房價就從那個時候開始漲。收入和房價比從 1.6 倍到 1.8 倍，一直到 2 倍、3 倍、5 倍，後來一直到 6 倍。

在美國，房子支出不能超過家庭收入的三分之一，因為還有其他方方面面的消費，一旦過了這個比例，他們就沒有辦法支撐了。美國房價在 2006 年 7 月達到歷史最高位，那時美國平均房價是家庭收入的 6.2 倍。這個比例在國際上來說就是巨大泡沫了，過了沒幾月這個泡沫就破了。

▌知識點 3 美國股市與真實社會經濟的脫節

在紐約，每到星期六我總會跟朋友聚會，大家聊聊國際形勢、談談政治經濟，再調侃千奇百怪的趣聞和瑣碎，輕輕鬆鬆快樂無比；到了多倫多，每到星期六我照樣參加紐約的朋友聚會，不過改成了電腦視訊聚會。

可是近幾次聚會，打招呼時總是少了一人。問起缺席的原因，朋友們異口同聲的回答：「加班賺大錢去了。」哇，我為朋友高興。現在美國找工作不容易，不怕忙，就怕不忙沒事做。

洛克菲勒基金會一項新的研究結果顯示，當前美國經濟的不穩定

性要比近 25 年來的任何時期都更嚴重，而且情況只會越來越糟糕。其中，幾近失去控制的失業和高漲的醫療費用，是美國民眾基本生活結構中最令人擔憂的要素，也就是說越來越多的家庭已沒有了維持生活的資金、儲蓄和退休金。

面對如此殘酷的調查報告，再回過頭來看一看代表著經濟晴雨表的股市，情況似乎沒這麼糟糕，道瓊指數和標準普爾 500 指數已經持續了 7 年多的牛市，而且最近屢創新高；各大企業發布的財務報告表現都還不錯，甚至利潤還有所上升。

人們對上述現象百思不得其解：為何美國股市已非經濟晴雨表了？

其實這種現象很容易解釋。企業利潤表現良好，第一靠增加銷售，這是真正的利潤來源，可是這在目前的美國難以實現；那就只有用第二個方法——以降低成本來實現利潤。

在美國，人力資源是企業最大的支出，因此裁員是達到企業「理想」利潤的最便捷的途徑。然而裁員之後，多出的工作誰來做呢？就只能請企業現有的員工加班。像我紐約的朋友，老闆請他加班，他樂不可支，加班按鐘點算，時薪比一般工資多 1.5 倍（50 美元／時 ×1.5×4 週 ×8 時／週），每個月可多賺 2,400 美元，逢節假日的時薪更是工資的 2 倍。加班不但為老闆省下了另僱全職員工的薪酬及各項福利，如高昂的醫療保險費，還鞏固了在職員工的職位。在如此惡劣的經濟環境下，似乎是「雙贏」的舉措。

此外，這些年來美國大企業的高階主管以股權形式發放的薪酬從 1990 年代起上升了 50% 以上，他們的高薪酬是要靠高股價來支撐的，撐高股價是他們獲得高薪的終極目標。而股價靠什麼支撐呢？利潤！因此企業高階主管美其名曰為股東負責，實為自己的錢包著想，便費盡心機提高帳面利潤。他們既然無法通過擴大生產增加銷售額來

「開源」獲得高利潤，那就只能通過裁員來「節流」了。

美國經濟已經陷入惡性循環：越裁員，全社會的購買力就越低，消費信心也就越低迷，企業的真正利潤就越下降，於是就只能再繼續裁員……

面對高失業率和房市泡沫，銀行開始實行信貸緊縮。而信貸緊縮這個「壞循環」對美國中產階級的影響是致命的，越來越多的原來的中產階層，目前只能依賴政府和慈善救濟來維持生活，美國的中產階級在迅速消失。說得誇張一點，「壞循環」在謀殺中產階級。因為金融危機中，只有華爾街還在發放上億美元的大紅包，只有大中型企業的高階主管還在拿著高薪。可以預見，當美國經濟走出這場危機時，美國的貧富差距將拉得更大，社會也將越來越不平等。

美國的年輕白領本應是美國未來的希望，然而現在他們的命運令人擔憂。就像我紐約的那位朋友，他們的職位或許被外包轉移到價格更低廉的國家。這種狀況早在十幾年前就開始了，大量的「白領」職位被轉移到新加坡、菲律賓和俄羅斯等地。

這股潮流意味著什麼？一位名牌大學畢業生在電視訪談上坦言自己就是個貨真價實的窮人。他在一家速食店打工，跟許多人分租房子，畢業後唯一的「正式工作」是參加和平組織（Peace Corps）。目前在美國許多大都市，這樣的年輕人比比皆是。長久以來人們被灌輸，要成為中產階級必須擁有大學學位，不然何來體面的工作、像樣的薪資？但是現在看來，這條途徑越來越受到質疑。

可以這樣說，只要企業的高階主管們以股權做為一大收入，為了確保自己的所得而維護高利潤，哪怕紙面的利潤再高，在無法提高營業額的情況下就只能裁員，或者將工作職位轉移到人工低廉的國家。

《經濟學人》雜誌指出：中國的中產階級有 2.25 億人，他們是目前全球最焦慮的人。該文章對中國中產階級的定義是：「家庭年收

入在 1.15 萬到 4.3 萬美元，即家庭年收入 8 萬到 30 萬元人民幣之間的群體。」

國際上通行的對「中產階級」的定義，指其收入和財產處於社會平均水準及其附近區間或收入、財產中位數及其附近區間的人員的集合。如按此定義測算，目前中國有 3 億多中等收入群體。

這個資料跟中國的現實國情相比，顯然不符。

由於現階段中國社會平均工資收入不高，大多數勞動者的收入處於平均數以下，社會分配格局還遠不是市場經濟發達國家的「橄欖形」，而是底部偏大、中上部偏細尖的「金字塔形」。

美國模式正在扼殺中產階級。失去中產階級的消費動力，美國經濟復甦將遙遙無期。應該向美國學習嗎？請三思而後行。

2

富人慷慨捐獻的祕密

巴菲特再捐贈 34 億美元 累計捐款達 310 億美元

海外網 2018 年 07 月 17 日

　　據福斯商業網報導，美國富豪華倫·巴菲特週一（16 日）向 5 家慈善機構捐贈了價值約 34 億美元的波克夏公司股票。自 2006 年承諾將捐出自己絕大部分財產後，巴菲特已經累計捐款達 310 億美元。

　　巴菲特將波克夏公司 11800 多股 A 類股票轉換為 1780 萬股 B 類股票。隨後將其中 1770 萬股捐給了蓋茲基金會和巴菲特基金會等 5 家慈善機構。

　　據路透社消息，截至週一收盤時，波克夏公司每支 B 類股票的價值約為 192 美元。

　　這次是巴菲特連續第 13 年將其部分資產捐出，捐款標誌著巴菲特在履行捐出自己絕大部分資產的承諾。除他以外，比爾·蓋茲，避險基金巨頭比爾·艾克曼和臉書創始人馬克·祖克柏也做出了類似的承諾。

　　根據富比士雜誌報導，巴菲特目前的淨資產為 826 億美元，

居世界富豪榜第四名。

|||||||||||||||||||||||||

新聞解讀

看懂財經新聞的四大原則：

一、特別關注壞消息。巴菲特、比爾‧蓋茲等富豪捐贈財產的新聞，在捐贈慈善的好消息美意背後，也需考量富人避稅的問題。

二、專家的話正確聽。本則新聞中的福斯商業網、路透社、富比士雜誌，多為美國著名的媒體新聞來源，可以採取聆聽。

三、分清投資和投機。捐款看似無關於投資或投機，但就可以免去重稅又可獲得社會聲譽的結果，可以說是對富人對自己的投資。

四、回歸常識來判斷。巨富的善舉令人敬佩，但任何舉動都不會是無緣無故的，背後總有潛在的動機，就待運用常識定奪。

與本則新聞相關的財經知識

2010 年，世界頂級富翁華倫‧巴菲特與比爾‧蓋茲宣布，將捐出自己至少一半的財富給社會。兩人不僅已成功勸說 40 名美國億萬富翁加入到捐贈自己一半以上財富的行列中，還前往中國和印度等國勸說富人捐款。2015 年 12 月 1 日，美國社交網站「臉書」創始人馬克‧祖克柏和妻子普莉希拉‧陳在給新生女兒的信中宣布，他們將把其家庭持有「臉書」公司股份的 99%（市場價值 450 億美元）捐出，用於慈善事業。

在大家印象中，歐美豪門多樂善好施，中國富人則多為富不仁。果真是這樣的嗎？

▌ 知識點1 不捐也得被迫充公

2008 年，我在多倫多定居後，許多在紐約的朋友經常開車過來玩。於是，我當仁不讓成了導遊。我最喜歡帶他們去遊玩的景點是卡薩羅馬（Casa Loma）城堡，因為城堡的主人、金融家亨利·佩拉特爵士（Sir Henry Pellatt）極富傳奇色彩。

亨利爵士出生時家道中落，父親只留給他一個銀托盤和一隻高腳杯。他從電力行業賺到了第一桶金，財富最多時擁有兩個 1000 英畝的大農莊、珍貴的寶馬、十幾輛名車、幾十個僕人和園丁。他小手指上戴的巨大鑽戒光閃耀眼，令人目眩。不過最能體現他巨額財富的，是卡薩羅馬城堡。

坐落在多倫多上城的卡薩羅馬城堡是加拿大最大的私人府邸，是亨利特別為愛妻建造的。城堡外觀莊嚴，有漂亮的大花園和多達 98 間裝飾華麗的套房。建築內暗藏祕密通道和電梯，還有一個足可以烤一頭牛的烤箱……

朋友們每次參觀完都禁不住嘖嘖讚嘆。有一位甚至說：「要是這輩子能住上這樣的城堡，死也瞑目了。」我笑道：「你確定嗎？這樣的豪宅，就是送給你，你也住不起啊！」

這其實不是開玩笑，實際上，這棟豪宅連亨利爵士本人都住不起。從第一次世界大戰起，多倫多市政府給卡薩羅馬城堡增加了物業稅，從每年 600 加幣增加至每個月 1,000 加幣。這在當時可是一筆鉅款。亨利爵士不得不拍賣藝術品和家具來支付稅款，最後因為負擔不起 27,303 加幣物業稅，他和太太只得搬離了城堡。

可憐的亨利後來搬進了一處窗戶正對著卡薩羅馬塔樓的小公寓，每天望樓興嘆。亨利身邊唯一值錢的東西只剩手指上的大鑽戒了。亨利爵士「棄城」而去後，城堡最終被多倫多市政府收歸，如今做為博物館對外開放。

這類故事在美國也不勝枚舉。比如鐵路大王范德比爾（William Vanderbilt，CNN 著名主播安德森‧庫珀的曾外公）死後，繼承人因繳不起他留下的豪宅「聽濤山莊」（The Breakers）的物業稅，只能將豪宅奉送給美國政府。

有了這些前車之鑒，歐美富人趕著在生前籌劃身後事，就不足為怪啦！

我曾任職的公司，某次接了一位英國皇室成員的大單。這名皇家成員是著名的慈善家，她在非洲有幾個慈善基金，專門用來幫助非洲國家建立學校和醫院。我們公司所要做的，就是幫助這位慈善家通過交換交易（編按：指交易雙方約定在未來某一期限相互交換各自持有的資產或現金的交易，以外匯交換交易和利率交換交易較為常見），來免繳政府高昂的稅額。公司接到任務後，會計師、律師和分析師全被調動起來，為她量身定做一項 10 年計畫的合約——股權收益交換交易合約。

最後做好的這份合約實在太漂亮了，我想在華爾街也稱得上是史無前例吧。在這筆交換交易中，皇室成員在 10 年內能合法逃稅 5,000 萬美元，而我們公司將賺取 1,000 萬美元。因為股權收益交換不是證券，完全不受任何監管，也不必向任何人揭露，包括稅務局。當時聽說這筆省下的巨額稅金，也將投入到其慈善基金中去。這就令我疑惑了，既然準備捐出，為何要逃稅呢？後來，通過巴菲特、比爾‧蓋茲設立慈善基金的事例，我終於明白了個中緣由。

比爾及梅琳達‧蓋茲基金會是全世界最大、操作最透明的私人慈

善基金。截至 2009 年年底，基金捐贈規模達 335 億美元。基金會有 3 個受託人：比爾‧蓋茲、梅林達‧蓋茲和華倫‧巴菲特。其主要目的是在全球範圍內提高醫療保健和減少極端貧困，在美國擴大教育機會和獲得資訊技術。為了保持慈善基金的資格，基金會每年必須至少捐出其資產的 5%，也就是說每年最少得捐掉 15 億美元。

知識點2 免重稅又獲得聲譽的好事

兩位巨富的善舉令人敬佩。可話又說回來了，任何舉動都不會是無緣無故的，背後總有潛在的動機，偉大的比爾‧蓋茲和巴菲特也不例外。

首先，富人捐贈巨額財富與他們的宗教信仰有關。猶太教徒和基督教徒都把賺錢做為上帝賦予的責任，但同時相信富人進不了天堂。《聖經》說：「富人進天堂，比駱駝穿過針眼還要困難。」和進天堂得永生相比，在臨死前將身外之物都捐了，又有什麼捨不得的呢！其中最典型的人物當屬洛克菲勒。洛克菲勒是美國最偉大的企業家，富可敵國，而他設立的洛克菲勒基金也是世界上最大的慈善基金之一。洛克菲勒有寫日記的習慣，幾乎每篇日記裡都提到上帝的信仰，有一段是這樣寫的：「我相信賺錢的能力是上帝賜予的……我的職責就是賺錢。賺更多的錢，然後聽從良心的差遣，用我所賺的錢，為我的同胞的利益服務……我距離見上帝的日子越來越近了，在剩下的時間裡，我應該把更多的精力投入到慈善事業，把上帝給我的財富與更多人分享。」大慈善家卡內基更說過一句話：「把財富帶進棺材的人是可恥的。」

除了堅定的宗教信仰之外，富人們傾囊一捐還有個心理因素，那就是與我們普羅大眾一樣，不喜歡繳稅。巴菲特曾透露，他每年繳給

政府的個人所得稅占收入的比例（稅率）比他的祕書還要低。

此外，不喜歡繳稅這一點，從蓋茲基金會的類別上也能得到印證——非經營性私人基金。這是美國國稅局為富人制定的一條稅法條律501c(3)，普通收入者永遠無法觸及。根據此條款，美國富翁建立的非經營性私人基金可以完全免稅。建立一個這樣的基金，既可免去重稅又可獲得社會聲譽之善舉，何樂而不為？

眾所周知，比爾・蓋茲擁有的絕大部分財富是微軟的股票，市值約500多億美元。百年之後，如果他將財富做為遺產傳給兒女，按美國法律需要繳納遺產稅。稅率為多少？50%上下！以轉移產權生效之日的收盤價來核算稅額，當日納稅。也就是說，在他的兒女接受遺產的當日，需繳納250億現金的遺產稅。

比爾・蓋茲哪有這麼多現金？而且他也無法出售股票。按照慣例，大股東出售股票必須經由董事會同意。如果比爾・蓋茲一意孤行，為了兒女拋售股票，那麼微軟的股價就將狂跌，變成垃圾股也是可能的。這樣一來，他兒女所持有的股票還有何價值？聰明的作法，就是把股票轉贈給一個以他命名的基金裡。

知識點3 巨額捐款培養卓越人才

眾所周知，美國之所以成為世界第一科技強國，有一個重要因素，就是全世界的人才移民。而科學研究和私立學校正是美國慈善捐款最大的去處。美國一流大學的獎學金幾乎都來自慈善捐款，這便成就了人才競爭的利器。目前美國三分之一有博士學歷的科學家和工程師均來自外籍人士，其中有22%來自中國。有句笑話，清華、北大是美國名校的預科班，道出了些許事實。2010年，有一名耶魯大學畢業的中國留學生，回國後賺了大錢。為了感謝當年耶魯大學給他獎

學金從而改變了他一生的命運，他捐給耶魯大學 8,888,888 美元。

除了教育捐款，政治捐款就更明顯帶有政治企圖。如世界首富沃爾頓家族，一直涉足政治捐款，在全美所有勢力最龐大的公司財團中，政治捐款數目名列第一。這對於沃爾瑪成為全球最大企業多少有間接甚至直接的關係。

以上幾點，就是歐美富人為何熱衷於慈善事業的最主要的原因。與其被政府拿去，不如放在自己的慈善基金裡，想怎麼花就怎麼花。事實上，蓋茲夫婦將他們的基金像企業般經營著，還落得慈善家的美名，站到了道德制高點上，真是名利雙收！

你知道在西方誰最愛捐款，捐款平均數最高的資金又是來自哪兒？

答案是——黑社會。據說香港、台灣也是如此，這是因為他們做了虧心事，通過捐款得到心理安慰嗎？我們不得而知，不過我在做證券交易監控時，必須特別注意的一項，就是防止黑社會和某些富人通過捐款，將其黑色或灰色收入洗白。

談到這裡，我發現目前中國似乎有一個趨勢，就是要求富人當重大災難發生時一定得捐款，且金額要巨大，否則就會挨罵，而且還特別以歐美富人愛捐款來道德綁架。其實這中間是有迷思的。富人並沒有捐款的義務和責任，捐不捐款並不重要。他們的責任是繳稅。在北美，美國的最高稅率是 45.3%（聯邦加州等），加拿大是 58%；歐洲更高，北歐富人至少要繳 70% 的所得稅，最高可達 83%。

想想看，要是富人把一半以上的所得都繳稅了，我們還好意思要求人家再捐款嗎？其實，只要富人依法賺錢、依法納稅、不逃稅漏稅，就是對社會做出的最大貢獻了！

在這裡給準備捐錢的富人提個誠懇的建議：真想進天堂的話，所謂「戴相布施」（大張旗鼓的告訴大家我捐錢啦）是不行的，這樣功

德太小。只有「無相布施」（匿名捐款）才有效果！

世界各國的遺產稅

美國遺產稅制屬於總遺產稅制，從 1976 年開始，美國將遺產稅和贈與稅合併，採用統一的累進稅率，最低稅率為 18%，最高稅率為 50%，後者適用於遺產額達到 2,500 萬美元以上的納稅人。

日本對遺產的課稅，採取繼承稅制，即根據各個繼承遺產數額的多少課稅，是典型的分遺產稅制。對居民而言，不論其繼承的遺產是在境內還是在境外，都要對其遺產徵稅；對非居民，僅就其在日本繼承的遺產承擔納稅義務。日本繼承稅稅率共分 13 個階層，從 10% 到 70%。

義大利是實行混合遺產稅制的國家，其徵稅方法是先按遺產總額徵收遺產稅，然後再按不同親屬關係徵收比例不一的繼承稅。納稅人分為兩類：一類是遺囑執行人和遺產管理人；另一類是繼承人或受贈人。對第一類納稅人統一採用第一種累進稅率，對第二類納稅人則根據其與死者的親疏關係採用不同累進稅率。

（編按：台灣遺產稅是根據《遺產及贈與稅法》施行，納稅人分為三種：遺囑執行人、繼承人及受遺贈人、依法選定之遺產管理人，目前遺產稅免稅額為 1,333 萬元，而後續依不同金額採用累進稅率。此外與死者的親疏關係，還具有不同扣除額，可自遺產總額扣除免徵遺產稅。）

3

會騙人的經濟指標

我國經濟變局中仍將行穩致遠

經濟參考報 2019 年 01 月 02 日

2018 年以來，全球經濟總體延續復甦態勢，但動能放緩。展望 2019 年，鑒於貿易保護主義繼續抬頭、全球流動性漸次趨緊、潛在的新興市場貨幣危機以及地緣衝突等風險因素，全球經濟大概率弱勢增長。對於中國而言，內憂外患之下，我國經濟下行壓力仍存，預計 2019 年我國 GDP 增速將回落，但是，政策空間和市場韌性仍將助力我國經濟行穩致遠。

回看 2018 年，我國經濟運行穩中有變、變中有憂，外部環境複雜嚴峻，經濟面臨下行壓力。一方面，資料顯示，2018 年第三季度 GDP 當季同比增長 6.5%，是 2008 年金融危機以來的次低水準；2018 年 12 月我國製造業 PMI 降至 49.4%，觸及 2016 年 3 月以來新低並首度跌至榮枯線下方。另一方面，我國經濟仍穩定運行在合理區間，消費基礎性作用進一步增強，經濟結構不斷優化，新經濟引擎作用更強。資料顯示，截至 2018 年第三季度，最終消費對經濟增長的貢獻率走高至 78%；2018 年

4 月以來，我國製造業投資增速已經連續 8 個月反彈；2018 年前 11 個月，我國高技術製造業和裝備製造業增加值同比分別快於規模以上工業企業 5.5 個和 2.0 個百分點。

||||||||||||||||||||||

新聞解讀

看懂財經新聞的四大原則：

一、**特別關注壞消息**。新聞中的報導顯示，2018 年第三季中國經濟雖然 GDP 有所成長，但卻是 2008 年以來的次低水準，加上其他指標成長幅度放緩，對整體經濟來看似乎不是太好的消息。

二、**專家的話正確聽**。本則新聞中沒有專家發言，主要是針對國際和國內經濟趨勢的現況提供具體數據與說明。

三、**分清投資和投機**。在經濟體系中，投資（也包括投機）、儲蓄、消費和 GDP 彼此會互相影響，通常來說，GDP 高的地區比較容易吸引資金，市場會較為熱絡，反之 GDP 不如預期時，不只貨幣匯率會下跌，市場也會因利空而下跌。

四、**回歸常識來判斷**。在本則新聞中提到了 GDP，你是否真的了解 GDP 是什麼？而 GDP 的成長或衰退就直接代表整體經濟的成長與衰退嗎？在本章節中將深入討論，提供你在常識判斷之前的基礎知識。

與本則新聞相關的財經知識

2011 年 3 月 11 日，日本發生了令全世界震驚的地震、海嘯及因

此引發的核洩漏事故。地震海嘯的畫面觸目驚心，與電影《2012》的慘烈場景不相上下，震撼著人們的心靈。這些都無不提醒著我們，人類何等脆弱，在大自然面前人又是多麼渺小。

然而，這不僅僅只是一條災難新聞。災難的背後有太多的東西值得人類深思和反省。讀新聞不能只讀表面，你有沒有想過，從經濟角度出發，日本的災難給了你什麼啟發？下面，我們舉一個 GDP 方面的例子。

針對日本的災難，各國都展開了熱烈的討論，主要話題圍繞繼續核能發電還是關閉核電廠？真是眾說紛紜。不過，當談到這次災難對日本經濟的衝擊和影響時，經濟學家基本分成兩派：一派認為，日本自 20 年前經濟危機，至今已失去了 20 年，目前依然在掙扎中，這次大災難將至少損失幾千億，甚至上兆美元，日本經濟無疑是雪上加霜，復甦無望，再倒退 10 年。

而有一派則不這麼認為，有個著名的經濟學家表示，如果日本能夠控制核洩漏，對其經濟可謂壞事變好事，日本經濟的衰退將是短期的，從第三季度開始，日本的 GDP 會大幅上升！因為日本需要花費大量的人力物力來修復被沖毀的城市，這將刺激日本經濟全復甦。

這種說法，似乎暗指以後哪個國家需要 GDP 大幅增長，只需炸毀幾棟建築、摧毀幾座城市即可。這不是非常荒謬嗎？不過，再仔細一想，GDP 不就是這樣計算的嘛！

知識點 1 掩蓋掠奪經濟本質的 GDP

其實這個論點是來自「破窗謬論」。這一理論最早出現在法國 19 世紀著名經濟學家巴斯夏的書裡，他假設有人砸碎了理髮店玻璃窗，這一行為雖然造成了破壞，但是理髮店老闆的「不幸」卻是社會

的「福音」，因為它將為玻璃生產商製造出商機，而玻璃生產商拿到錢後又去購買其他生產商的產品。於是，在乘數效應的作用下，他給社會造成的損害只是一次性的，可是給社會帶來的機會卻是連鎖性的。

按此理論得出的結論是：打碎一塊玻璃，提供了無數金錢和就業機會，得大於失。因此，所有災難都可視為一個增長機會。談到這兒，大家是否已經明白了 GDP 有多麼不靠譜了吧。

事實上，GDP 的謬誤遠非「破窗謬論」可以涵蓋。

再講一個聽來的笑話。在巴黎一個研究 GDP 的年會上，經濟學家濟濟一堂。休會時，美國的甲教授和英國的乙教授在大街上散步，赫然瞧見地上有一坨狗屎。

甲教授說：「你要是吃一口狗屎的話，我就給你 100 萬美元。」

乙教授反問：「真的嗎？」

「那當然！不過，我要看你吃下去。」甲教授說。

沒想到乙教授真的趴在地上吃了一口，眉頭一皺，咽了下去。甲教授大驚失色、駭然不已。但君子一言，駟馬難追，便只能開了一張百萬美元的支票給了乙教授。可乙教授拿到支票並不高興，他心想，這要是傳出去我吃過狗屎，豈非一世英名毀於一旦？他見甲教授一臉的後悔，就說道：「這樣吧，你如果也吃一口，我也給你 100 萬美元。」甲教授聽完也毫不猶豫的吃了一口。乙教授也當即給他一張支票。然後兩人發誓保守這一秘密。兩人在走回賓館的路上，還繼續談論著這件事，並得出了一個結論：就在前 10 分鐘裡，他們創造了200 萬美元的 GDP ！

這個笑話雖然誇張，卻具體的點出了 GDP 的某些謬誤。那麼GDP 是怎麼定義的呢？

GDP（Gross Domestic Product）是按市場價格計算的國內生產總

值的簡稱，是指一個國家（或地區）所有常住單位在一定時期內生產活動的最終成果。GDP 是總體經濟中最受關注的經濟統計數字，因為它被認為是衡量國民經濟發展情況最重要的一個指標。它涉及的是經濟活動，是實實在在的。

做為衡量一個國家或地區綜合實力的重要指標，GDP 是怎麼計算出來的呢？如果我們要比較一個人今年的經濟生活水準相對去年的變化情況，一個簡單的方法就是計算出他去年全年收入多少（假定為 2 萬元），然後，計算他今年全年收入是多少（比如是 2.4 萬元），再計算出今年物價水準比去年變化了多少（假定上漲了 5%）。這樣剩下的就是簡單的算術問題了：今年的 2.4 萬元，扣除物價因素的話，相當於去年的 2.29 萬元（2.4÷1.05），再以這一數字除以去年的 2 萬元，就可以知道此人實際的生活水準，今年比去年是提高了 14.5%。

將同樣的計算方法運用到計算一個國家或地區的經濟生活水準上，就可以得出 GDP 數字。

GDP 的前身是國民生產毛額 GNP（Gross National Product）。GDP 和 GNP 的主要差別，是前者以「國境」為統計界限，後者以「國民」為統計物件。因此，GNP 是對一國生產資源的所有者進行識別和統計，而 GDP 顯示的是發生在一國的領土上的生產活動。

從 1960 年代初開始，以 GNP 為主導指標的國民經濟核算體系被世界主要市場經濟國家普遍採用。為了適應人口和企業的跨國流動，從 1992 年起，聯合國規定各國開始使用 GDP 取代 GNP。但除了統計的界限改變之外，統計的內容並沒有實質性的變更。

俄裔美國經濟學家庫茲涅茨（Simon Smith Kuzenets，1901～1985）在 1930 至 1940 年代最早創建了 GNP 的統計體系的基本框架。他多次告誡美國國會：「一個國家的幸福與繁榮幾乎不可能由

GDP 表現出來。」但美國控制的世界銀行並不聽從 GNP 發明者的告誡，他們要利用 GDP 強力的欺騙功能，把其推薦到各個國家，使已開發國家的經濟收入在統計數字上得以減少，而增加了開發中國家的經濟統計數字，這樣就掩蓋了已開發國家和開發中國家之間巨大的差距，同時還能把已開發國家實行的殖民、掠奪經濟的本質隱藏起來。

知識點 2　GDP 缺乏計算完整性

有時，高 GDP 所體現的實際是一種低效率和浪費。比如 GDP 忽略了對商品品質的考量。人們可能一遍又一遍的購買低價、低耐用的商品，而較少購買貴重的高耐用商品，因此貨幣價值體現在第一種情況的比率，要高於第二種，因此而低估了真正的經濟增長。舉例說，今天的電腦比以往更便宜，功能也比以往更強大，但 GDP 卻只按貨幣價值來計算相同的產品，而忽略了商品品質改進後的新產品價值。事實上，新產品的推出也難以準確的衡量 GDP，儘管新產品提高了人們的生活水準。

再說了，GDP 從來不衡量增長的可持續性。比如一個國家可能因過度開採自然資源而實現了高增長，或因為投資錯誤分配，使 GDP 高速增長。例如，大量的**磷酸鹽礦**曾經使諾魯成為地球上人均收入最高的國家之一，然而自 1989 年諾魯的**磷酸鹽礦**耗盡之後，他們的生活水準急劇下降。

而估算 GDP 增長的主要問題，是貨幣購買力在不同商品所占的不同的比例。當 GDP 的數字隨著時間的推移貶值之後，GDP 的增長在很大程度上要取決於所使用的的商品籃子，減去相對比例 GDP 貶值的數字而決定。舉例來說，在過去的 80 年間，如果以馬鈴薯的購買力來衡量，美國的人均 GDP 並沒有顯著的增長。但如果以雞蛋的購

買力來計算的話，就增長了數倍。為此，經濟學家通常使用不同的商品籃子來比較不同的國家。

另一個計算 GDP 價值的錯誤，是來自存在於跨國界商品品質的差別，哪怕經過購買力平價的調整。因為在比較跨國購買力時，會出現尋找類似商品籃子的困難，使這類調整具有匯率的爭議。例如，生活在 A 國的人消費梨子的數量與 B 國的人相同，但 A 國的梨子比 B 國的更清甜，這種材質的差異決不會出現在 GDP 的統計數字裡。尤其住房是不可能放在世界市場上作交易的。因此，跨邊境轉讓定價的貿易就有可能扭曲進出口貿易的真正價值。

最重要的一點，在發展生產過程中給生態系統造成的損失，也沒有計算在 GDP 之內。由於 GDP 誇大了對經濟福祉的計算，忽略了外在性的損失，在高度依賴資源開採的國家生態足跡裡，其 GDP 和 GPI（Genuine Progress Indicator，真實發展指標）之間的差距可能非常大。比如清理漏油的費用被包括在 GDP 的計算之內，但環境惡化的成本卻並未計算在內。

另外 GDP 的計算，還包括不產生淨值的變化或災難造成的重建資料，例如戰爭或自然災害的重建，提高了 GDP 的經濟增長率。日本的地震海嘯也在此列。

中國在 1700 年到 1820 年間，GDP 一度占全球的 32.9%！即使在中日戰爭前，中國的 GDP 也遠高於日本，但顯然大而不強。而美國經濟大蕭條的復甦其實是在二戰之後，因歐洲被打成了廢墟，美國成了世界工廠，其 GDP 才上升至真正創造財富的體現。

因此，GDP 的計算方法顯然缺乏完整性，不能準確體現出是否真正創造財富；而且，一個國家的高 GDP 增長並不能代表國家的真正強大。目前許多官員都熱衷於高 GDP，追求「燦爛」的政績，人民可不能再被 GDP 誤導了。

4

遠離幸福的金錢觀

新聞案例

讓消費回歸簡約自然

人民日報 2018 年 07 月 12 日

消費返璞歸真，折射出人們對資源分享、情感共鳴、價值共存的期待

近日，日本社交網路上出現了按價位將名牌包排序的「鄙視鏈」，隨即引發如潮批評。不少人曬出自己的背包，無論是皮包還是帆布包，哪怕是米麵袋，都可以很有個性。買得貴不如買得對，物品價格不等於附加價值，正在成為許多消費者的共識。

不只是日本，近些年來，發達國家奢侈品消費有轉涼趨勢，而一些優質的平價商品卻實現了市場、口碑雙「逆襲」。消費趨勢的變化，背後是消費理念的升級。有學者將近百年來的日本消費趨勢劃分為四個階段：第一消費時代，西式生活備受推崇，富人群體開始看電影、逛百貨商場；第二消費時代，家庭變為消費中心，普通家庭也能買彩電（彩色電視）、買汽車；第三消費時代，收入不斷提高，商品越發豐富，消費以個人為中心，人們「砸錢」買品牌、揚個性；隨即而來的第四消費時代，消費開始

「去中心化」，品牌不重要，講究性價比。相比揮金如土，新消費中的舒適簡潔、社交功能更讓人看重。

||||||||||||||||||||||||

新聞解讀

看懂財經新聞的四大原則：

一、**特別關注壞消息**。在這則新聞中的核心為「消費反璞歸真」，而這種反璞歸真的好，將是本章節要討論的主要內容。

二、**專家的話正確聽**。本則新聞中雖然沒有專家發言，但提供了一種消費的價值觀。

三、**分清投資和投機**。人們的消費趨勢與金錢價值觀，不只會影響到投資與投機的標的，也會影響到人們在賺取金錢時，是選擇採取投資或投機。

四、**回歸常識來判斷**。消費、金錢與人們的情感有何關聯？為何人們的消費型態改變？這種改變是否體現了金錢與幸福的綜合觀點？這些是應該運用常識來進行思考的重點。

與本則新聞相關的財經知識

不汲汲於虛浮，理智而從容，是社會走向成熟的必然。除了日本，不少國家都呈現了類似的新消費方式與心態：共用經濟方興未艾，奢侈消費與平價消費此消彼長，審美偏好趨向簡約自然⋯⋯消費返璞歸真，折射出了人們對資源分享、情感共鳴、價值共存的期待。消費關切從「物質」回歸「人」，心靈會更滿足，人際關係會更和

諧，生活也會更加多姿多彩。

2010 年秋，導演奧利弗·史東帶著他時隔 23 年的華爾街題材新作《華爾街：金錢萬歲》（*Wall Street：Money Never Sleeps*）席捲全球。這部《華爾街》續集來得正是時候，貼切的呼應著當前的經濟環境，難怪一上映就躍升北美票房第一。

不從娛樂角度出發，單從幫助你看懂財經新聞的角度出發，這也是一部好電影。它可以為你說明華爾街的遊戲規則，讓你了解華爾街人們的話該怎麼來聽。同樣，2010 年出品的紀錄片《監守自盜》（*Inside Job*）從獨特的角度探討了 2008 年金融危機產生的原因，也是一部能幫助你更好的理解財經新聞的佳片。

《華爾街：金錢萬歲》在 2010 年 10 月 15 日在中國上映後，首週末票房便突破 1,500 萬元。而當《華爾街：金錢萬歲》之風刮來中國的時候，恰逢央視著名主持人白岩松的新書《幸福了嗎》出版。此書上市後一路暢銷。這兩股風潮讓每個人不由得都在心裡思考：金錢與幸福，它們是相輔相成的嗎？它們是前因後果嗎？它們在我的生活中到底構成了怎樣的關係？

▍知識點1 不只擁有還要更多的貪慾

揭露人性的影片往往都精彩出眾、發人深省，《華爾街》系列也一樣。在 1987 年那個金錢饑餓的年代，《華爾街》戈登·蓋柯的經典語錄「貪婪是好的」，道出了華爾街這個資本運作聖地的遊戲真諦。23 年彈指一揮，華爾街貪婪依舊，這座金錢的不夜城又令《華爾街：金錢萬歲》裡的人陷入困境。

昔日雄霸華爾街的股市作手戈登·蓋柯，從聯邦監獄獲釋之後，披著「貪婪是合法的」外衣再度出山。他搖身一變，成了財經暢銷書

作家，四處演講，講述華爾街的內幕故事。就在 2008 年開始的金融危機依然陰魂不散的今天，我們禁不住想問：8 年的牢獄生涯是否令他「洗盡鉛華」，找回道德的良知？

曾經翻雲覆雨的股市大亨到底不簡單，儘管重獲自由的那一刻他身無分文，女兒憎恨他，兒子因吸毒而早逝，妻子恐怕早已改嫁，步入豪華餐廳又遭到「街」上昔日同行的蔑視和奚落，但是他骨子裡的銳氣沒有磨滅，言談舉止依然散發著咄咄逼人的個性。不認輸的戈登隨時準備著重返華爾街再度築夢。

只可惜在只認金錢的華爾街，失去資本就好似在賭場裡沒有了籌碼，也就意味著失去一切，戈登要怎麼重回江湖？薑畢竟還是老的辣，有經驗的賭徒總會為自己留好反戈一擊的賭資。進監獄前，他為女兒溫妮設立了 1 億美金的信託基金，沉睡了多年。為得到這筆鉅資東山再起，他不惜利用女兒的男友雅各・摩爾──一位充滿抱負的年輕股票交易員，來修復與女兒糟糕的關係，做為回報，戈登答應幫助雅各復仇，除掉逼死雅各導師的金融大帥布瑞頓・詹姆斯。

於是，金錢再一次改變了一切。當年那個貪婪的華爾街惡棍又回來了，雖然已白髮蒼蒼，卻還別著絲質手帕，品著洋酒、雪茄，狂傲得無以復加。在那片他心之所屬的黃金地所向披靡，每一個吹向天空的泡沫，全都化為金錢（通過「做空」的手段）落到了他的口袋。從女兒那兒騙取的 1 億美金，瞬間變成了 11 億美金！

道德算什麼？暢遊華爾街不需要忠誠，不需要負責，不需要信任。

卑鄙的人往往遊得更遠。只要不違法，做什麼都行，道德在這條街上不值錢。正如戈登所言：「資本無眠，就像你的女人，不看緊的話一覺醒來，她便跑得無影無蹤，你再也見不到了……」在華爾街的博弈中，貪婪正是資本的本色。

身為股票掮客之子的奧利弗・史東，用他一貫強而有力的戲劇手法拍出了股市內線交易的內幕，同時借戈登的行徑來質疑現代人面對金錢誘惑而普遍出賣靈魂的道德問題。這雖是一部電影，卻為我們呈現了華爾街真實而殘酷的一面。

知識點2 不停比較永不滿足的心態

近幾年的全球金融危機使許多人的美國夢破滅了，房產變成了負資產，投放股市的退休金蒸發得無影無蹤，大家的荷包或多或少都縮水了。面對如此沮喪的現實，西方的大專院校、各類研究所甚至經濟學家們都不約而同的展開調查，課題是：金錢能買來幸福嗎？金錢和幸福之間究竟是怎樣的關係？

英國瓦立克大學（Warwick University）教授、經濟學家奧斯瓦德（Andrew Oswald）在最近一次講座中公開宣布：「一旦一個國家的儲藏室通通被填滿了，也就無所謂國家正日益富有，進一步的經濟增長似乎也不會使公民更具幸福感。」奧斯瓦德是近來癡迷於研究「什麼能使我們幸福」的經濟學家之一，他的研究結論是通過採訪世界各國不同背景和階級的人而得出的。

美國國家科學院也公布了一份研究報告，發現在金錢與幸福之間存在著微妙的關聯，僅在一定範圍內，人們的幸福感會隨著收入的增加而增加。這項研究基於國民幸福指數，對數十萬美國人進行了調查，並把幸福感分為兩種類型：一種是人們每天的情緒狀態，另一種是人們對自己生活方式的更深層次的滿足。這份報告給了我們一個非常具有魔力的數字。它指出，在美國年收入到達 7.5 萬美元時是最幸福的。

而一旦超過 7.5 萬美元，幸福感便不會隨著收入的增加而遞增。

對於這個奇妙的數字，如果在 10 年前，我絕對會當做聽了一個笑話而一笑置之，因為在美國年收入 7.5 萬美元稀鬆平常，賺到了這個數字就滿足的話，要求豈不是太低了？但是現在，我自己和周圍眾多親友的經歷告訴我，這份報告的結論不假。因為，富有的人往往有社會地位較高的職業，他們在工作中往往也享有較高的控制權；可與此同時，他們也將會有更高的期望值，時不時會將自己與更富有的人去做比較，而比較帶來的往往是煩惱和痛苦。比如我的朋友大龍就深受比較之苦。大龍是我在多倫多認識的朋友。十幾年前，大龍帶著妻兒一家 3 口移民到加拿大。大龍是電腦軟體工程師，太太在中國是英文翻譯。出國之後，英文成了必需的交流工具，不再是特長技能，大龍的太太等於沒了專業。好在大龍順利的找到了一份不錯的工作，沒幾年，他的工資便漲到了 7 萬多加幣，在多倫多這就算是高薪階層了。生活穩定之後，他們又添了一個活潑可愛的女兒，大龍的太太便待在家中做全職太太。這真是一個典型的北美幸福之家。

然而，隨著孩子漸漸長大，大龍可以在閒暇時上上網，跟美國的老同學聊聊天，他因此了解到美國的軟體工程師收入很高，特別是紐約的一個老同學，讀書時成績還不如他，收入卻比他多 50%。漸漸的，大龍的心理不平衡了。待他入籍成了加拿大公民後，便開始在紐約找工作。

運氣還不錯，大龍順利的獲得紐約一家電腦公司的聘用，起薪一跳就是 8.8 萬美元，以當時 1 美元兌換 1.3 加幣，大龍的年收入立刻增加超過 50%。大龍一家毫不猶豫的搬到了紐約。到了紐約之後，才知道紐約的房價比多倫多貴多了，想買一棟和多倫多一樣的大房子，價位變更高，扣除每個月的房貸後，一年算下來，發現存起來的錢和多倫多一樣多。大龍當然又不滿足了。

在紐約，媒體時常報導華爾街年底分紅獎金豐厚，大龍自覺技術

不比別人差，他的心又活了起來。不久他果真跳槽進了華爾街一家證券公司，底薪又多了1萬，做的好的話獎金至少是年薪的30%，如果公司賺得多了，獎金是上不封頂的。只是沒料到，華爾街非但工作壓力大，泡在公司的時間又長，令他跟妻兒聚少離多。不過到了年底時，大龍竟然出乎意料的拿到了跟底薪一樣多的大紅包，興奮之情不言而喻，頓時覺得所有的付出都值了。夫婦倆高興的在郊外買下一棟先前看中的大房子，只是距離辦公室所在的曼哈頓更遠了。

就這樣，大龍每天凌晨5點不到就得起床，先開車到附近的火車站趕首班火車進城，到了曼哈頓再換乘地鐵，兩個多小時的路程使用了3種交通工具，每天上下班的路上用去四五個小時，正常工作需要十個小時。加班更是家常便飯，並且由於拿的是年薪，所以沒有加班費。象徵著美國夢的家，反而像是旅館。如果半夜三更電腦系統出意外，他還必須開車趕往曼哈頓，生活簡直一團糟，幾乎沒有任何閒暇。

此時，大龍和太太才意識到，他們的收入雖然多了點，但幸福感卻大大的下降。時間是世上最寶貴的財富，以時間和壓力換取金錢，絕對得不償失。在電話中，大龍對我說：「現在我每天最享受的，是凌晨回家所聞到的草地芳香……」最為遺憾的是大龍後來離婚了！幾個月前，他一個人黯然回到了多倫多。

從大龍的故事中不難看出，假如他不跟紐約的老同學做比較，多想想他自身所擁有的，而不是一天到晚糾纏自己所沒有的，他們一家或許還幸福的生活在多倫多。他的故事可以用一個金融術語來形容，叫做「比較優勢」（Comparative Advantage），也就是說不要試圖以自己的劣勢去和人家的優勢做比較，幸福感才會常相伴隨。

研究幸福的專家說，只有大約15%的幸福與收入、財產或其他財政因素有關，而其它的幸福來自生活態度、自我控制以及人際關

係。幾年前，澳大利亞的幸福協會開張。該協會創始人蒂莫西·夏普說：「你真的可以提高你的幸福水準，這是我們要教給你的。我們可以讓一個幸福『存款』為零的人，在其幸福銀行帳號裡有結餘。」

下面這些與錢有關的問題是你應該問一問自己的：

1. 我對我現在的財務狀況滿意嗎？

2. 再多點錢我能活得更快樂嗎？

3. 我的腦子裡是不是始終有財務的問題？

4. 錢一直是我生活最重要的東西嗎？

5. 對錢的追求一直讓我感到不安嗎？

6. 我會捨棄原則去賺取更多的錢嗎？

只要你認認真真的回答以上問題，可能就會改變對錢的看法。其實對於財富，先哲培根早在 400 年前的〈談財富〉一文中就已經談透了。他寫道，所羅門曾說：「財富多者誘人漁獵，而對於人生，除了徒飽眼福以外又有何用？」中國古人也說過：「知足者常樂。」有些人很有錢，然而還是苦於得不到幸福；相反，另一些人只有很少的錢卻也滿意的度過了一生，那是因為他們懂得最大限度的享受他們所擁有的。說到底，讓我們遠離了幸福的人正是我們自己啊！

5

值得效法的北歐模式

新聞案例

2018 年全球幸福度排名：芬蘭居首 中國排位下降

亞太日報 2018 年 03 月 15 日

3 月 14 日，聯合國可持續發展方案集團發布《2018 年全球幸福度報告》（編按：World Happiness Report）。該報告根據 2015 年至 2017 年的多項指標，對世界上 156 個國家和地區進行了調查，對各個國家／地區居民的主觀幸福感進行量化。

在今年的排名中，芬蘭擠下挪威高居榜首。2 至 9 名排序依次為：挪威、丹麥、冰島、瑞士、荷蘭、加拿大、紐西蘭、瑞典和澳大利亞。

中國大陸從第 79 名下降到第 86 名；台灣從去年的第 33 名上升至第 26 名，在亞洲排名第 1；香港位列第 76 名。

財富並非決定性因素

《全球幸福度報告》從 2012 年起發布，每年一期，在全世界範圍內得到了政府、機構組織、社會團體等的認可。這份報告基於國內生產毛額（GDP）、健康預期壽命、生活水準、國民內心幸福感、人生抉擇自由、社會清廉程度以及慷慨程度等多方面

因素進行研究並得出結果。

《赫芬頓郵報》在首份報告發布時就指出，財富在衡量幸福指數時只占了一小部分。除去上述社會因素外，心理健康是至關重要的個人因素。根據世界衛生組織的資料，在已開發國家，精神疾病患占比超過40％。即使在非常富裕的國家，也有大約四分之一的精神病患者在接受治療。

||||||||||||||||||||||||||

新聞解讀

看懂財經新聞的四大原則：

一、特別關注壞消息。這則「全球幸福國家排行榜」的新聞，對在後經濟危機時代苦苦掙扎的各國來說，特別有借鑒作用。

二、專家的話正確聽。新聞中援引的研究結果報告，是經全世界眾多政府、機構組織、團體等認可。

三、分清投資和投機。我們看財經新聞，並不能只看眼前的短期的訊息，關於漲跌利多利空滿天飛的股市小道消息，對我們的投資並沒有太大的幫助。多看一些分析「為什麼」和分享「如何做」的大器財經讀物，才對你養成正確的投資和財富觀，提升自我的修養和幸福感有真正的幫助。

四、回歸常識來判斷。在新的改革政策下，中國正迎來新的機遇，我們要謹慎吸取其他國家的經驗教訓，根據自身的特色走出一條可持續發展之路。該報告的編輯人員總結得特別好：「幸福的祕方並不在於財富的多少；此外，社會發展越均衡、越全面，越有助於提升民眾的幸福感。」「北歐模式」恰是我們看懂

財經新聞四大原則最後一條「回歸常識」原則最好的詮釋和應用，還原事物本來的面貌，順應自然發展的規律，在紛繁複雜的世界面前，掌握健康、成功、財富和幸福的祕訣並非遙不可及。

與本則新聞相關的財經知識

2010 年 8 月，《紐約時報》發表了標題為〈丹麥開始削減令人羨慕的社會保障〉的文章。就標題而言，文章似乎想提出疑問：丹麥的高福利社會能維持多久？被失業率和債務危機折磨得焦頭爛額的美國人理應反省自己的生活模式才對，怎麼開始質疑起北歐模式來了？

美國模式和北歐模式，哪個才是可持續發展的模式？哪個值得我們學習和借鑒？用常識分析一下，答案不難找到。

目前全球主流所宣導的經濟模式是美國模式，其經濟理論依據的是新凱因斯主義。該主義主張：（1）通過減少儲蓄增加支出來帶動經濟增長；（2）「需求」重於「供應」；（3）消費可以帶動生產；（4）無需金本位，法定貨幣是可取的；（5）可以充分依賴政府來調控經濟。

違背了經濟學常識的美國模式，已經被證明了是一條走不通的路。特別是這次金融危機之後，美國鑽進了死胡同，到現在還出不來。把新凱因斯主義的經濟理論比做毒品一點不為過，染了毒癮的美國唯有靠一次又一次的「吸毒」來暫時挽救經濟，拖延死亡日期。

幸好，在這個地球上，北歐模式似茫茫黑夜的一盞明燈，為我們指出了今後的方向。

知識點 1 提供完善福利的社會

頗具諷刺意味的是，《紐約時報》的這篇〈丹麥開始消減令人羨慕的社會保障〉通篇讀下來，原本抱怨連連的負面報導，卻越看越令人羨慕。在丹麥萬一失業，立刻能領取相當於失業前工資的 80% 的失業補助，前提是必須參加求職培訓計畫，而失業補助金可以連拿 4 年。文中說，如今遭遇全球經濟危機，丹麥政府頂不住了，因此要消減福利，將領取失業補助的期限，從原來的 4 年降低到 2 年！

文中提到一位 58 歲的護士，因病失業在家 4 年，不僅以 1 年的時間免費治病，而且還拿著 80% 的工資進行職業培訓，最後獲得了電話銷售的工作。後來她不幸又趕上經濟危機，目前又帶薪接受祕書職業培訓。面對政府消減福利，這位護士只能領取 2 年失業金，因此而抱怨連連。

這在我們看來簡直就是甜蜜的抱怨嘛。事實上，像丹麥這樣的高福利國家，在北歐還有挪威、瑞典和芬蘭。可以這麼說，這些國家 40 年前都不如美國。但回頭檢視，現在情況如何呢？

據一位出差到挪威的朋友回來抱怨，他在挪威時，上午 10 點之前基本上喝不到咖啡，咖啡店最早也要到 10 點才開門，而下午 6 點又準時關門歇業。碰到星期日，所有商店一律不營業，這哪能比得上紐約啊！人們早上 5 點就能喝上咖啡，有些連鎖店直到凌晨 1 點還在營業，顧客進去照樣能喝到熱咖啡。

而另一位遠嫁瑞典的朋友告訴我，瑞典的政府機關和政府所屬單位，每年的 6 月上旬到 8 月上旬要放 2 個月暑假，特別是歌劇院、圖書館、博物館這些由國家資助的文化機構。民營企業則放 3 週暑假，到了耶誕節及新年期間再放兩週假期。也就是說，在瑞典，一般的上班族 1 年至少有 5 週帶薪假期，再加上其他法定假、病假、事假等，

1 年中幾乎有半年在休假。

我們早就聽說北歐國家富有、福利制度好，但從未料到竟然會這麼好！父母跟著孩子一起放暑假，悠閒自在的陪孩子去海灘衝浪，到度假勝地去親近大自然，抑或到周邊國家去旅行，培養親子之情。

北歐信奉傳統經濟學。傳統經濟學視節儉、勤奮工作和生產為美德；認為金本位抑制了通膨，並提供了穩定的貨幣環境，使經濟蓬勃發展；政府應努力擔負財政責任來平衡預算；國家政策一般應採取不過分干預經濟事務；生產才能帶動消費；在供需關係中「供」比「需」更重要，因為良好的「供」創造了另一種「需」。

遵循著這套傳統經濟模式，北歐國家踏踏實實的發展生產，靠儲蓄、節儉成為全球社會福利最完善、人均 GDP 最高、人民最富有的國家。

知識點 2 擁有領先全球的各項指標

於是一個疑問產生了。丹麥人失業有優渥的失業補助金，瑞典的上班族享有暑假（在北美，只有學校師生放暑假），而挪威人似乎並不把賺錢放在第一位。那麼市場競爭體現在哪？是不是北歐人都太「懶惰」了？

丹麥、挪威和瑞典，全都名列全球最富裕的國家之列，實行免費全民健保，國家資助高等教育和全面的社會保障體系。如果說北歐人懶惰，那我們怎麼理解這一點？

另一方面，無論你用哪一項經濟指標去衡量，這些國家都能保持在全球前 3 位。我們以挪威為例。對於 GDP 指標，挪威並沒有刻意的去追逐，但它在很長時期內總能保持人均 GDP 居世界前 3 位；並且連續 6 年（2001 年至 2006 年）按聯合國開發計畫署編制的人類發

展指數（HDI）衡量居世界首位；其 2008 年的人均收入世界第一；過去 4 年中，挪威一直是聯合國評選的全球生活水準最高、最適於人類居住的地方。

而且很重要的一點是，根據聯合國開發計畫署依照吉尼係數，全球貧富分化最小的國家前 4 位是丹麥、瑞典、捷克和挪威。由於社會財富分配相對均衡，北歐這些高福利國家的企業，其 CEO 的薪酬與工人最低工資一般相差 2 到 3 倍，最多不超過 7 倍。北歐國家不僅每小時勞動生產率及平均小時工資在世界上名列前茅，而且國民總收入，挪威在美國之前排第 4，丹麥緊跟美國列第 6，瑞典第 8 位。

別忘了，就在美國家庭為高昂的大學學費頭痛的時候，北歐國家人人可以接受良好的免費教育，也因此擁有高就業率。對於北歐人而言，工作似乎已不是謀生的手段，他們可以憑興趣來選擇職業。而對於像 CEO 那樣的頂級高層來說，由於國家徵收高所得稅（最高可達 83%），所以其稅後收入實際上只比清潔工高一點而已。顯然，他們很在乎體現個人價值的同時又為社會做貢獻。

有鑑於此，即使在金融風暴過後，依據 2018 年的統計，挪威的人均 GDP 依然高達 48.7 萬美元，在西方發達國家中僅次於盧森堡和瑞士，美國只有 37.5 萬美元，排在第五位，挪威高出美國一大截。

知識點3 環保與財富的典範——以挪威為例

事實上，挪威土地貧瘠、地貌多變，主要是由山區和高地組成，包含有許多冰川和瀑布；地質多半是花崗岩和片麻岩，板岩、砂岩和灰岩也都很常見。由於挪威屬高緯度地區，白天的季節性變化非常大。從 5 月下旬到 7 月下旬，有長達 20 小時的白天。相反，從 11 月下旬至次年 1 月下旬，北方的太陽似乎永遠低於地平線，日照時間很

短。永晝與永夜的天然生存環境，養成挪威人珍惜資源、勤儉節約和愛好戶外活動的習慣。

1960 年代，挪威大量的石油和天然氣被發掘，經濟繁榮得以持續增長，石油和天然氣的出口收入占出口額的 45%，只少於俄羅斯和沙烏地阿拉伯這兩個原油出口國，而出口占挪威整個 GDP 約 20%。挪威石油資源如此豐富，德國又在不遠的隔壁，是最有資格發展汽車工業的國家。但挪威政府並不鼓勵開車文化。在挪威人的概念裡，沒有一輛車是「綠色」的（也就是環保車）。在挪威，汽車廣告必須是「告知真相」的廣告，國家消費者監察部 2008 年 1 月發布了新限令，禁止汽車製造商使用「綠色」、「清潔」和「環保」字樣的汽車廣告。幾十年來，「步行上學」一直是挪威首都奧斯陸市政府的市政規劃。為促進孩子積極的生活方式，父母被明確要求不能開車送子女上學。為了確保孩子步行路線的安全性，政府通過立法最大限度的減少交通堵塞，甚至在市中心也不例外。天然的生存環境與政府的正確疏導，使挪威人的徒步遠足和喜愛滑雪的習慣代代相傳。

在挪威的馬路上鮮有豪華轎車爭奇鬥豔，人們並不視開豪華車而高人一等。奧斯陸的市政當局最近購買了 3000 輛自行車，供廣大市民使用，市府購車的速度還在上升，馬路上完全被自行車和走路的行人所包圍，簡直是一道亮麗的風景。仰望城市的天空，藍天白雲。

石油出口為挪威帶來了滾滾財源，但挪威政府並沒有大手大腳的亂花錢。相反的，挪威人非常理智，他們深知總有一天地底下的石油會挖完，未來的石油收入是不確定的。挪威政府從 1995 年起，便把石油收入儲存在一個主權財富基金帳戶——全球政府養老基金。挪威養老基金可能成為世界上最大的投資基金，據保守估計，截至 2017 年 4 月，挪威養老基金已達到 9,221 億美元。換句話說，每個挪威老人都是百萬富翁。

知識點4 學習北歐健全的生活方式

挪威、丹麥和瑞典等北歐國家，幾乎做到了保證每一個公民充分享受由他們創造的社會財富。老百姓人人可以接受從小學到大學的良好的免費教育，看病不需花錢，在人人平等的價值觀的影響下，社會財富的分配相對均衡，又老有所養，真可謂生活得無憂無慮。前幾年，國際經合組織根據加拿大的「商業繁榮潛力指數」，對未來10年經濟發展將呈現繁榮景象的30個國家進行了預測。依據各個地區的人口、貿易、能源、科技和教育等方面的指標，在這些未來將獲得經濟的可持續發展的國家中，瑞典、挪威和芬蘭名列前3名。很遺憾，中國並不在這30個國家之列。

從排名看，前3位全都是北歐國家，美國排在第12位。尤其是挪威，它所處的地理位置和相對緩慢的經濟發展速度，以及運輸技術的發展方向，使它能夠免受美國和其他歐洲國家生活方式的影響，它的經濟發展潛力反而比美國大。因為挪威人的價值觀和種種傳統深入民心，我們無法想像，這麼富有的北歐人，居然節儉到令我們匪夷所思的地步，令金融霸權絕無可乘之機。

在挪威的街頭轉角，勤儉商店（類似中國過去的舊貨商店）隨處可見。說來不信，生活在挪威，假如有一天你為孩子過生日，拆開禮物盒，看見裡面是洗滌乾淨的舊衣物，千萬別大驚小怪，這在當地已蔚為風行。當然，假如把這一場景搬到中國，我們也無法想像送禮之人還有何臉面做人？在現在的中國，夫婦倆赴宴一個座位人民幣500元的「市價」已不能算高。

法國思想家盧梭說過，節制和勞動是人類真正的兩個醫生：勞動促進人的食欲，而節制可以防止貪食過度。挪威人愛好運動的習慣沒改變，他們很少開車，政府也不提倡開車文化。挪威人傳統的飲食習

慣也沒改變。挪威的傳統食品魚、肉、馬鈴薯和蔬菜依然是餐桌上的主角。即使有錢，外出用餐對他們來說也很難得。挪威的餐廳規模普遍比美國的小，其提供的食物分量也比美國小，在美國為一人份的菜品，到了挪威就變成三人份。直到現在，美國的麥當勞和肯德基的速食文化根本無法在挪威流行起來。

有必要在此插一句，原本中國人的飲食很健康，以五穀雜糧為主食，再佐以豆製品、蔬菜瓜果、魚、蛋、家禽和少許肉類；中國的飲食文化則更是源遠流長，八大菜系聞名世界，烹飪技術也最發達，眾多傳統名菜、地方小吃更是風味獨特，不僅深受中國人喜愛，而且也吸引了眾多外國人。但我們卻丟棄了傳統的中國美食，引進美國的垃圾食品。

目前肯德基在中國的 450 座城市開設了 2000 多家餐廳，麥當勞的分店也達 400 多家。這些典型的美式速食像牛肉漢堡、乳酪、炸薯條、炸雞塊和可口可樂，富含高脂肪、高油脂、高鹽和高糖。麥當勞的總裁在 50 多歲英年早逝，酷愛垃圾食品的柯林頓在 50 多歲時心血管堵塞了 80%，不得不進行多次心臟手術。這些都凸顯了美國的飲食文化對人類健康的危害。

但是，中國好多影視作品卻把帶孩子吃麥當勞、肯德基的速食以及喝可樂當成一種時尚進行宣傳，這樣會把中國的下一代都培養成垃圾食品和垃圾文化的粉絲。在經常食用「四高」食品的飲食習慣下，中國的糖尿病患者增長速度上升到世界第 2。以北京為例，北京 45 歲以上的人群中，糖尿病患病率已高達 16%，與此同時，一大批葡萄糖耐受不良的人（編按：介於正常人與糖尿病人之間的血糖異常）已成為糖尿病患者的「後備軍」。這一患病比例甚至超過了美國。美國垃圾文化就這樣一點一點滲透到中國，在不知不覺中，漸漸排擠了中國優秀的傳統文化。

根據 2007 年世界衛生組織收集的資料，在之前的 2 年中，美國糖尿病患者幾乎增加了 15%，接近 2400 萬，占人口總數 7.8%，特別是超重引起的糖尿病，長期困擾著美國人，令美國瀕臨崩潰的醫療體系再增負擔。而挪威人健康的生活習慣，自然使他們減少了得病的可能性，這樣一來，不但政府減少了醫療開支，而且個人的生活品質也隨之提高。挪威的糖尿病病例在西方國家是最少的，只占所有病例的 3.6%。5 年前的一項調查發現，整個挪威只有 15 個成年人因超重引起糖尿病，其中一人還是新移民。

　　縱觀挪威人的生活方式，不正是中國老祖宗留下的勤儉持家、積穀防饑、一分耕耘一分收穫以及絕不寅吃卯糧的生活模式嗎？正因為按照常識實行傳統的經濟模式，北歐國家逃過了經濟危機，成為全世界最富有的國家。他們的經驗已經向我們證明了什麼樣的經濟模式是可持續發展的。

　　因此，無論如何也輪不到美國來質疑丹麥這樣的北歐國家，面對全球分配最公平的丹麥和挪威，那些說什麼高福利必養懶人的經濟學家，難道不該重新審視自己的結論嗎？而中國更應該重新思考一下，究竟是繼續向貪欲無度、借債消費的美式生活靠攏，還是向北歐人學習順應自然、返璞歸真的發展模式，遵從常識，從更高境界上找回自己老祖宗的生活真諦？

結語

找到財經新聞中
賺錢也賺幸福的門道

對於經濟與生活，其實，先賢早就傳授了我們生活的真諦和幸福的真經。可惜，很多寶貝被我們丟了，太多人被一時的繁華和無盡的欲望迷了眼。迷路的時候，不妨想想小時候外婆教的簡單道理。

- 「歷覽前賢國與家，成由勤儉敗由奢。」在過度借貸消費的問題上，「欠債還錢」是常識，「儉節則昌，淫佚則亡」是常識。

- 「民生在勤，勤則不匱。」在百姓的生活理財方式上，「勤勞致富、一分耕耘一分收穫」是常識。

- 「取之有度，用之有節，則常足。」在對石油等日漸匱乏的能源的使用上，「省能補貧」是常識。

在下一場危機到來之前，未雨綢繆吧！在不慎誤入歧途之後，懸崖勒馬吧！在千瘡百孔的地球一息尚存的時候，亡羊補牢吧！在幸福不小心跌落井中後，趕緊打撈吧！趁一切還來得及。

願大家能在紛繁複雜的財經新聞中發掘到屬於自己的珍寶。願財經讓國強盛、民安康、世界更美好。

附錄

財經新聞常見機構與術語

1. 華爾街主要投資銀行

高盛集團（Goldman Sachs）

成立於 1869 年，是華爾街上最著名的國際大型投資銀行之一，提供全球全方位的金融服務。公司業務主要分三類：公司上市及合併、證券交易和財產管理。高盛對中國的市場非常感興趣，是最早進入中國的華爾街投資銀行之一。自從改革開放以來，現任美國財政部長、高盛前領導人鮑爾曾訪問過中國 70 多次。高盛總部設在紐約，並在東京、倫敦和香港設有分部，在 23 個國家擁有 41 個辦事處。高盛 100 多年來一直是以 Partners 形式的私人股本公司經營，直到 1999年，順應潮流上市。

摩根士丹利（Morgan Stanley）

摩根士丹利（俗稱「大摩」）是華爾街十大投資銀行之一，提供包括證券、資產管理、企業合併重組和信用卡等多種金融服務，目前在全球 27 個國家的 600 多個城市設有代表處。摩根士丹利原是 J.P. 摩根（J.P. Morgan）中的投資部門，1933 年美國經歷了大蕭條，國會通過《格拉斯－史帝格法案》（Glass-Steagall Act），禁止公司同時提供商業銀行與投資銀行服務。摩根士丹利於是做為一家投資銀行於 1935 年 9 月 5 日在紐約成立，而 J.P. 摩根則轉為一家純商業銀行。

美林證券（Merrill Lynch）

是世界最著名的華爾街證券零售商和投資銀行之一，總部位於美國紐約。美林由查爾斯·美瑞爾（Charles E. Merrill）創辦於 1914 年 1 月 7 日，位於紐約市華爾街 7 號。幾個月後，美瑞爾的朋友，艾德蒙·林奇（Edmund C. Lynch）加入公司。隨即公司正式更名為美林。目前，美林在世界超過40 個國家經營，管理客戶資產超過1,800 億美元。2008 年 9 月 14 日，美國銀行與美林達成協議，以約 440 億美元收購後者。2013 年 10 月 1 日，

美國銀行正式解散美林，但仍繼續使用其商標名稱。

花旗銀行（Citibank）

總部位於紐約市，是在中國開辦業務的第一家美國銀行。1902 年 5 月 15 日，花旗銀行的前身之一「國際銀行公司」（International Banking Corporation）在上海開設分行，這也是花旗銀行在亞洲的第一家機構。2008 年金融危機前花旗銀行業務遍及 50 個國家，觸角遍布全球，服務 2.68 億零售客戶。金融危機發生以後，花旗銀行損失慘重，不得不接受政府救助。自此以後，花旗業務開始全面縮減，不僅從海外 20 多個國家中撤出，美國境內零售網也裁撤了逾三分之二。與此同時，花旗員工總數下降 40%，零售客戶流失 6900 萬戶，約占其客戶總數的 25%。

美國銀行（Bank of America，作者曾任職）

以資產計美國銀行是美國第二大銀行，Visa 卡的前身就是由美國銀行所發行的 Bank Americard。美國銀行極其看好中國市場，2005 年 6 月 17 日，美國銀行注資 30 億美元入股中國建設銀行，並將分階段對建設銀行進行投資，最終持有股權可達 19.9%。美銀證券（Banc of America Securities 是美國銀行旗下的華爾街證券公司，英文為 Banc 而不是 Bank，說明它不是家普通的商業銀行，而是華爾街投資銀行，客戶所有在裡面的各種投資都是沒有 FDIC 保險的），雖然起步晚，但由於有母公司的依託，成長迅速，目前已進入華爾街前十大投資銀行之列，並朝向「一站式服務」的方向發展（也就是在一家金融公司就可以得到所有各項金融服務的意思）。

瑞士信貸（Credit Suisse，作者曾任職）

是一家成立於 1856 年的投資銀行和金融服務公司，總部設在瑞士蘇黎世，是全球第五大財團，瑞士第二大銀行（僅次於它的長期競爭對手瑞士銀行〔UBS〕）。瑞士信貸經營個人及公司的金融服務、銀行產品及退休金、保險服務等，在 50 多個國家有分公司，公司總投資為 245 億美元，管理財產為 11,953 億瑞士法郎。瑞士信貸和中國有良好的關係，2004 年幫助中國保險公司和石油公司在紐約證交所上市。

瑞士銀行（UBS）

1747 年成立於瑞士的一家銀行，首家分行設立在瑞士的波斯基亞沃

（Valposchiavo）。而它的三個主要部分：瑞士聯合銀行、瑞士銀行公司及美國的惠普公司（Paine Webber）或它們的前身，都是在 1960 年代或 1970 年代創立的。目前的瑞士銀行是 1998 年 6 月經由瑞士聯合銀行和瑞士銀行公司合併而成，總部的地點在瑞士巴塞爾及蘇黎世，其分行遍布全美國以及 50 多個國家，是一個多元化的全球金融服務公司，是目前世界上最大的私人財富資產經理，其資本及盈利能力排行歐洲第二大銀行之列。瑞銀的全球業務還包括個人銀行、投資銀行及資產管理。總投資資產達 2.766 兆瑞士法郎、股東權益為 478.50 億瑞士法郎，市場資本高達 1,506.63 億瑞士法郎。

德意志銀行（Deutsche Bank）

是德國最大的銀行，為全球 10 大商業銀行之一，公司總部位於德國西部金融中心法蘭克福。1998 年為了將業務擴展到華爾街，德意志銀行兼併了華爾街第七大投資銀行信孚銀行（Bankers Trust）。911 攻擊那天，原本信孚銀行所在的自由街 130 號的德意志銀行大廈，受到 911 恐怖攻擊後嚴重損毀，德意志銀行不得不重新選擇辦公地點。

JP 摩根大通（JP Morgan Chase）

是 2000 年由美國大通曼哈頓銀行及 JP 摩根（前華爾街十大投資銀行之一）合併而成。JP 摩根大通業務包括投資銀行、個人及商業金融服務、金融交易處理、投資管理及個人銀行。JP 摩根大通旗下擁有超過 9000 萬名客戶，包括多家大型批發客戶。總部設於美國紐約市，是一家跨國金融服務機構，美國最大的銀行之一，業務遍及 50 個國家。JP 摩根大通是前華爾街十大投資銀行之一。

2. 美國主要證券交易機構

紐約證券交易所（New York Stock Exchange，簡稱 NYSE）

世界上最大的證券交易所，建立於 1792 年，是華爾街上最醒目的地標。

美國證券交易所（American Stock Exchange，簡稱 AMEX）

位於華爾街，是美國第二大證券交易所；過去曾被稱為路邊交易所（Curb Exchange），這是因為它曾經位於曼哈頓下城的街道上而得名。

芝加哥期權交易所（Chicago Board Options Exchange，簡稱 CBOE）

由名可知，CBOE 位於芝加哥，其期

權成交量為美國各交易所的首位。

納斯達克（NASDAQ）

是美國的全國證券商會自動報價交易市場，通過電腦系統儲存，是一個以高科技行業為主的資本市場。

3. 美國各類投資工具

股票（Stock）

在美國，股票主要分兩類：一類為普通股（Common Stock），也就是人們口中所稱的股票，是最典型的股票投資工具，代表了對那個發股公司的擁有權。例如，ABC 公司在市場上有 1 萬股，每一股就代表了萬分之一的擁有權益。在美國，股票是僅次於固定收益工具最流行的投資工具。股票的報酬來自於兩個方面：股利（Dividends）和資本利得（Capital gains）。一般情況下，股東沒有權利分配，直到公司董事會決定股利，由董事長對股東們宣告，股東們才視股利為公司無保障的債權人（unsecured creditors）；而資本利得是市場價值超過買入價的部分。比如，年初以每股 40 元買入 XYZ 的股票，若你年底以 44 元賣出，你每股可賺入 4 元（交易費用、稅不計），股利要等董事會宣告後才有可能獲得。

另一類是優先股（Preferred Shares），而優先股主要又分了兩種：不累計優先股（Noncumulative Preferred Shares）和累計優先股（Cumulative Preferred Shares）。和普通股相同之處是，它們也代表了對持股公司的擁有權；而不同之處是，累計優先股不管董事長是否宣告分紅，累計優先股總是有固定的股利，是一種固定收益（Fixed Income），將以前沒有拿到的股利將累計起來一併計算；不累計優先股，顧名思義只是比普通股優先分配股利而已，以前沒分到的股利不累計。一旦董事長對股東們宣告分配股利，優先股總是比普通股先得到分紅。

藍籌股（Blue Chips）是股市中最優質的股票類別，就是上市時間長、業績亮麗、具有高盈利、分配股利穩定的大型上市企業。對股票的分析分兩種方式：基本面分析（Fundamental Analysis）是對公司自身的經營管理和財務報表（年報〔10K〕和季報〔10Q〕）進行分析，包括盈利分析、債務分析、財務分析和價值分析等；技術分析（Technical Analysis）主要是根據股票價格走勢與成交量的變化來推測股價未來的變化趨勢，包括趨勢分析、成交量分析和波動性分析等。如果一個上市公司將每股拆細為兩股

以上，使公司流通股票數目增大，這就叫股票分拆（Stock Splits），不過公司的股本並沒有改變。

證券代號（Security Symbol）是證券掛牌交易的代號。比如微軟的交易代號是 MSFT，花旗銀行是 C。一般在紐約證交所上市的公司交易符號為 3 個字母，而在納斯達克上市的公司則有 4 個字母。

固定收益證券（Fixed Income Securities）

美國金融市場裡的固定收益證券是指那些提供固定報酬的投資工具，如債券（Bond）、優先股（Preferred shares）和可轉換證券（Convertible securities）。最為典型的是由政府或大公司所發的債券，一般年限從 20 年到 40 年長期不等。債券持有人（Bondholder）有權得到固定的利息。如果你買了 1,000 元、年限 20 年、每半年分利 9% 的債券，那你每半年就能得到 45 元（9%×0.5×1000），而本金將在 1,000 元債券 20 年到期時拿回。投資者也可以在債券到期前到市場上按市價將債券賣掉。美國的固定收益資產市場比股票市場要大 3 倍，是美國富人們最基本的投資工具。如比爾·蓋茲幾乎將所有的錢都投資在各種固定收益的證券上。

固定利率債券（Fixed Rate Bonds）指票面利率固定的，直至期滿的債券；浮動利率債券（Floating Rate Bonds）的票面利率與市場利率掛鉤。而零息債券（Zero Coupon Bond）無附設任何利息報酬，發行機構以債券面額（Face Value）在到期日償還債券本金，故零息債券市價必定給予票面值較大的折扣，又稱折價證券（Discount Bond）。

國庫債券（Treasury Note）是美國政府發行的中期債券，期限由 2 年至 10 年不等，每隔 6 個月定額配息一次，於到期日按面額購回。國庫證券（Treasury Security）是美國政府透過財政部發行的債務票據。這類證券獲得美國政府十足的信用擔保，故被視為無債務風險的投資。

短期投資工具（Short term Investment Vehicles）

美國金融市場上的短期投資工具，是指各種時效在一年之內的投資，如各銀行的存款和 CD（一年內的定期存款）、美國財政部發行的短期公債（Treasury Bill）、各公司發行的商業票據（Commercial paper）、貨幣市場基金（Money market mutual funds）等。一般來說，這些投資工具幾乎不存在任何風險，可用來暫存暫時不用

的資金；對保守的或僅以保值為目的的投資者來說更為合適。短期投資工具有很強的流動性（Liquidity），也就是說隨時可以在幾乎沒什麼折損的情況下兌換成現金。當然，它們的報酬率是在所有的投資工具中最低的。

共同基金（Mutual Funds）

共同基金又稱為單位信託基金。在香港一般翻譯為互助基金，在中國大陸，一般稱為投資基金或證券投資基金，不過它們和共同基金其實是有很大差別的。 共同基金是由基金經理管理的，向社會投資者公開募集資金以投資於證券市場的營利性的基金。共同基金持有一籃子證券（股票、債券或其他衍生工具）以獲得股利、股息或資本利得。共同基金通過投資獲得的利潤由投資者和基金經理分享。由於共同基金吸納的是公眾的資金，政府一般都對其實施比較嚴厲的管制，其組建、資訊揭露、交易、資金結構變化和解散都受到法律法規限制。美國的管制尤其嚴格，對它每年的交易次數都有嚴格的控制。

封閉式基金（Closed end Fund）是指發行股數有限定數目，所有交易由投資者互相在公開市場中自由買賣，價格由市場價格決定，而並非以基金的資產淨值計算的基金。

指數基金（Index Fund）模擬市場指數波動，持有股份及比例完全按照市場指數成分股的比重，以達到其收益完全跟隨市場指數的波動。例如S&P500指數基金，就是根據標準普爾500指數起伏的。

免傭基金（No-load Mutual Fund）是指買賣時不收取費用的共同基金。每種基金均由一個或一組基金經理人（Fund Manager）區負責決定該基金的組合和投資策略。

資產淨值（Net Asset Value）一般指共同基金組合的資產總值。

衍生證券（Derivative Securities）

衍生證券顧名思義就是由普通證券衍生出來的，是一種既非貸款（像債券）也非股本（如股票）的證券。它們的價值是由被衍生的證券來決定的。衍生證券分兩大類：期權（Options）和期貨（Futures）。購買了衍生證券便表明你擁有了對其標的證券（Underlying Securities）具有某種權力。衍生證券有明顯的槓桿作用，可以「以小博大」。但「成也蕭何，敗也蕭何」，因其風險極大，普通投資者不宜介入。而對專業的投資者，如大型投資銀行、基金公司，特別是避險基金，衍生證券則是他們分散風險的利器。而風險管理（Risk

Management）就是以各種衍生證券來做模型，以達到在「一籃子」投資裡分擔甚至避免風險的目的。

在期權中，買入期權（Call Option）是指擁有權利在指定期限前，用指定的履約價格（Strike Price，或稱行使價格）購買指定的證券（Underlying Security）；而賣出期權（Put Option）是指擁有權利在指定期限前，用指定的行使價格賣出指定的證券。而買期權所附的費用稱為權利金（Premium）。

期貨合約（Futures Contract）指必須履行的承諾，於指定的期限以商品的價格，交付指定的商品。

避險（Hedge）是指利用購入其他證券，以保障現時的證券價格不受或降低將來市場價格波動影響。衍生證券在做避險時扮演最重要的角色。

4. 其他各類在美國比較流行的投資工具

前面提到的 5 大類投資工具，也是目前各國最普遍採用的投資工具。美國還有一些其他的投資工具，比如房地產（Real Estate），包括居民住宅、土地、商業樓宇等；還有看得見、摸得著的有形財產（Tangible Assets），比如鑽石、郵票、藝術品及古董（這些都不屬於華爾街的業務範疇）；還有稅收優惠（Tax Advantage）的投資，因為在美國，富人每年要繳納高至 45.3% 的所得稅，這些投資方式可以讓他們合法的延遲繳稅，如 401K、IRA 等（因各國具體情況不同，也就不在這具體介紹了）。

5. 其他華爾街常用術語

基點（Basis Point，BP）
1 的 1%，用來表示利率變動的幅度。比如利率由 5.25% 升到 5.31%，相等於上升了 6 個 BP。

熊市（Bear Markets）、牛市（Bull Markets）
市場氣氛旺，投資者對市場持樂觀態度，股價持續上升，便代表牛市；而市場氣氛低迷，投資者對市場產生悲觀情緒，股價持續下跌，便代表熊市。

帳面價值（Book Value）
股東所持股的帳面價值，相當於公司資產值減去公司負債及公司優先股值。

經紀人（Broker）、經紀商（Brokeage Firm）

經紀是指執行客戶指令並收取傭金的人。比如在交易所場內執行客戶指令的場內出市代表，或處理散戶及其指令的股票經紀，以及在買方與賣方之間充當中間人，藉以收取經紀傭金的人士。專門從事股票、債券、商品或期權交易的「經紀」在買賣中充當代理人的角色，他們必須通過執照考試（如 Series 7），並在進行證券交易的交易所註冊登記。而經紀商就是證券交易業者，簡稱券商或經紀商。

抵押品（Collateral）

貸款的擔保。例如買房子借銀行的貸款，一般就是將房子做為抵押品，抵押給銀行。

複利（Compound Interest）

複利率為累進制利息，利息報酬並非只按本金計算，而是將本金及利息累積計算，就是俗稱的「利上滾利」。未來價值（Future Value）就是指現時的資金增長至將來的價值，以複利計算。

信用評等（Credit Rating）

信用評等公司（如 S&P、Moody's）評核發行債務公司償還能力的評等。

當日有效單（Day Order）

指即日有效的買賣指令，在交易日結束時仍沒有按指令限價完成交易的話將會取消。

當沖交易者（Day Trader）

指證券市場裡當天買賣的投機者，他們指望利用一天之內的證券價格變動來牟利。

分散風險（Diversification）

利用不同的投資工具達到降低整體投資組合的風險。

荷蘭式拍賣（Dutch Auction）

是一種購買新上市公司股票的方式。投資者先註冊，然後出價購買至少 5 股，所出的價稱為拍賣標的競價。承銷商將所有競價蒐集起來，競價由高到低，依次遞減，直到以適當價格成交。

Google 的上市就是用這種方式，最後確定為成交價 140 美元，對於競價高的投資者沒有關係，如競價 200 美元的，他仍以 140 美元買到，但那些競價低於 140 美元的投資者就買不到 Google 了。

盈餘（Earnings）、每股盈餘（Earnings per Share，EPS）

盈餘是指公司扣除所有稅項及利息後

的盈餘。每股盈餘是指每股分攤的盈餘。

電子通訊網路（Electronic Communication Networks，簡稱 ECN，作者曾在著名的 ECN BRUT 任職 18 個月）

一種自動撮合買進、賣出委託的即時電子化交易系統，相當於一個虛擬網路交易所；望取代傳統間接交易系統而成為主流交易系統。

綠鞋期權（Greenshoe Option）

新上市公司給承銷商（Underwriter）的一種權利，即在上市後，承銷商可以用指定價格買入該股票，然後按市場價格出售。比如 Google 給瑞士信貸綠鞋期權的指定價格是 100 美元，當 Google 的市價到 150 美元時，瑞士信貸若執行這個期權，每股則可獲利 50 美元。

綠鞋期權法律上的名稱是過額分配期權（overallotment option）。

所得（Income）vs. 損益表（Income Statement）

所得就是在指定期間內個人所獲得的金錢；而損益表是公司主要財務報表之一，說明該公司營運的盈虧狀況，業務變化的趨勢。

個人退休帳戶（Individual Retirement Account，簡稱 IRA）

在北美，政府為了鼓勵和照顧納稅人安排退休計畫，提供了多種多樣的具有稅務優惠——免稅（Tax Free）或延後課稅（Tax Defer）的個人退休帳戶，如 401K、RRSP、Roth IRA 等，這些帳戶可以進行各種各樣的投資。因為享有稅務優惠，用 IRA 投資的獲利將在複利中加速成長。

首次公開發行（Initial Public Offering，簡稱 IPO）

是一家公司初次推出股份讓公眾認購的行為，而該公司則在其後一段時間內被稱為新股公司。當新股公司將股價掛牌在證券交易所，供公眾買賣，稱為掛牌（Listing）。掛牌的第一天稱為上市（Listing Date）。新股公司於首次公開招股時讓公眾認購的股價為首次公開發行股價（IPO Price），上市後，股價的波動將受到供需的影響。

配售（Placing）是指發行公司或仲介機構選擇或批准某些人士認購證券，或把證券發售給他們。

新股公司為首次公開發行出版的檔叫公開說明書（Prospectus），其中包括詳細列明條款與細則、申請程序及首次公開招股等資料。

美國申請上市的公司上報後，可在承銷商（Underwriter）的協助下向各地可能參與銷售的經紀商和購買上市股票的潛在投資者進行介紹，但不可從事宣傳鼓動，這就稱為巡迴法說（Road Show）。

冷卻期（Cooling Period），指美國申請上市公司上報材料給證券當局而靜候審批的 20 天時間。 期間要遵循證券管理委員會的有關規定，如上市前不可從事銷售活動，更不能利用媒體透露消息，違者將受到嚴厲的懲罰。

市值（Market Capital）是指公司發行的普通股票的股數與股票市場價格的乘積。

內線交易（Inside Trading）

由於取得內線消息（Inside Information）所進行的交易是非法的，在美國，對內線交易的處罰不僅有金錢上的重罰，違法者還將坐牢。

內在價值（Intrinsic Value）

期權或認股證的行使價與待定資產市價的差異。

投資公司法（Investment Company Act of 1940）

主要對共同基金的基本功能、投資或再投資做出的明文法律規定。

投資顧問法（Investment Advisers Act of 1940）

確定對投資顧問的法律要求。該法案於 1996 年做了修正補充，新規定要求 2,500 萬美元以上的顧問公司必須向證券交易委員會註冊。

槓桿比率（Leverage Ratio）

償還財務能力比率，量度公司舉債與平常運作收入，以反映公司履行債務的能力。

流動性（Liquidity）

企業可運用的現金，或在不會大幅折價下能套現的能力。

融資帳戶（Margin Account）

是一種可以透支投資的帳戶。向證券商申請開設保證金帳戶時，你存入該帳戶的現金以及自己付錢購買的證券的價值，就是券商借錢給你的首次保證金或抵押品；其容許借款額度取決於保證金的多少。

如果保證金的證券跌價，支持你貸款的抵押品價值也會下跌，意味著保證金縮水，因此，券商就會採取行動，提出融資追繳通知（Margin Call）要求追加保證金，或者賣出你保證金的證券，以維持保證金要求的抵押資產淨值。

融資餘額（Margin Balance）

是指保證金帳戶內的未平倉淨結餘。如為負數，即指虧欠券商的金額；如為正數，則可賺取利息。

市場創造者（Market Maker，造市商）

負責股票的「創造市場」活動，也就是說在市場交易時間內提供買賣雙方報價，進行撮合成交。賣出價（Ask Price）是交易商願意出售證券的最低價格，買入價（Bid Price）是交易商願意購入證券的最高價格。而市場創造者的利潤取決於其所提供的買進報價與賣出價間的價差（Bid Ask Spread），以及撮合成功的交易量。市場創造者必須投入自有資本做交易，持有所負責造市股票的部分，並與其他的市場創造者競爭委託單。由於市場創造者持有大量的存倉股票，並經常在市場上開出買賣價，對市場走向有重大影響，就是我們通常所稱的莊家。

如果在證券市場上，股價及走勢基本上受市場創造者主導的話，稱為報價驅動市場（Quote Driven Market，亦稱 Dealer Driven Market）。

委託單（Order）

市價單（Market Order）是指按當時市價執行的訂單。這是要求經紀商按市場價儘快執行的指令。在交易時間內，交易投資旺的證券的指令，通常於達到或接近市價時執行。限價單（Limit Order）要求經紀商按指定或更佳價位執行買賣的指令。買入指令按照限價或低於限價執行，賣出指令則按照限價或高於限價執行。止損單（Stop Order）是指當證券價格突破指定的止損價時，則止損價買賣指令自動變成市價訂單，並按市價執行，而成交價可能高於或低於止損價。

部位（Position，也稱倉位）

帳戶或投資組合中所持有的證券。

私募（Private Placement）

與公開上市的「公募」方法不同，私募是自行私下籌資的方法。由於私募風險較大，因而美國證券當局制定了更為嚴格的法規細則。

私有化（Privatization）

私有化一詞在中文中可用於兩種完全不同的情況。其一常指將國有企業的所有權轉給私人，即民營化。其二指將上市公司的股份全部賣給同一個投資者，從而使一個公開發行公司（Public Company）轉變為私人公司（Private Company），對應英文為

Taking Private。

專業操作規則（Professional Conduct Regulations）

交易所會員在交易證券時必須遵守的要求。

美國公用事業管制法（Public Utility Holding Company Act of 1935）

美國為電力、天然氣等生產和銷售業的控股公司制定的管理法規。

報酬（Return）

投資收益或損失的價值。投資收益比對本金的百分比稱為報酬率（Rate of Return）；而扣除通膨率的實際回報率稱為實質利率（Real Interest Rate）。年初至今報酬率（Year to Date Return）是今日股價與去年最後一個交易日股值的報酬百分比。到期殖利率（Yield to Maturity，也可簡稱殖利率）是債券到期時，相對於原先本金的總收益報酬率，以複利率計算。

羅斯個人退休帳戶和401K 退休計畫（Roth IRA 和 401K Plan）

以聯邦參議員威廉・羅斯（William Roth）命名的羅斯個人退休帳戶，已發展成為適用於所有在職美國人的退休帳戶。與傳統個人退休帳戶不同的是，羅斯 IRA 的存款是不可抵稅的。然而，你的投資可在免稅的情況下成長，存款可在任何時候取出，不必繳稅，也不會受罰。目前每個在職的美國人最多能買 4,000 美元。如果 4,000 美元全部買了傳統抵稅退休金，則不能再享受羅斯退休金計畫了。比如，你符合在傳統的退休金帳戶裡存 2,000 美元，在羅斯退休金帳戶裡還可以存 2,000 美元。實際上，羅斯退休金計畫是給無法享受抵稅的高收入美國人的。但到了 70 歲，就不能買了。

401K 是美國 1981 年創立的一種專門適用於營利性私人企業的延後課稅退休帳戶。由於美國政府將相關法律制定在國稅條例（Internal Revenue Code）第 401K 條中，故簡稱為 401K 計畫。這是一個員工自願的工資扣款和雇主配合捐助相結合的協議計畫。員工可投入自己的金錢，每年不超過 15,000 美元，同時公司也將捐助部分資金投入員工的計畫裡，直到該員工離職。由於這個計畫每年可免稅高達 5,800 多美元，號稱是政府「給中產階級最大的禮物」。

1933 年美國證券法（Securities Act 1933）

美國 1933 年通過的證券法，主要包

括兩方面內容：公司上市時必須向投資者提供各種足夠的有意義的會計資訊；禁止在證券發行中有欺詐行為。法律的目的並不保證報表所提供資訊的準確性，或評估出售證券的金融價值，或者給予投資者保險以抵消損失。法律只是確保投資者所有必要的資訊以便做出消息靈通的投資決定。

1934 年美國證券交易法（Securities Exchange Act 1934）

美國 1934 年通過了證券交易法。法案正式授權成立證券交易委員會（Securities &Exchange Commission，簡稱 SEC），是管理公開發行證券的公司的最高機構。SEC 的任務是保持交易的公平性，他們在大門口豎了一塊牌子，上面寫著：「我們的宗旨是：要像扶 7、80 歲的老太太過馬路那樣，小心的保護廣大中小型投資者的利益。」

交割（Settlement）

證券買賣交易完成後，客戶向經紀／交易商支付所購入證券的資金，或向經紀商收取賣出證券後的所得，並將已賣出的證券寄予經紀商。

做空（Short Selling）

投資者對證券價格前景看淡，預期價格會下跌，以現價借入股票後出售，以期望該證券價格在將來下跌時，再以低價回補（Short Covering，或稱補空）償還給借股人，賺取價格差價。賣家在發出指令時，須說明是進行做空，做空活動一般僅限於股票，並只可透過保證金帳戶進行。這宗交易也稱為空頭部位（Short Position，也稱空倉）。賣空者可先向經紀商借入股票交與買家，然後於日後購回股份完成交易。經紀商有權隨時收回借出的證券。根據做空規定，投資者須把資金存入保證金戶口內，以確保即使股價上升仍可購回股票。

當某一隻股被看跌做空後，其做空狀態遲早會結束，做空者早晚要買進股票補空。因此當做空物件價位下跌到一定程度時，可能物極必反，引發人們預期到底反彈乘機買回的反應，加上有些做空者遭遇保證金追加通知的壓力，被迫回補了結交易，促成股價反而節節攀升，這種現象就稱為軋空（Short Squeezes）現象。

紐約證券交易所賣空法則規定，做空只有在符合報升規則上升價位規則（The Uptick Rule）或等值加價規則（Zero Zero Plus Tick）時方可執行。所謂上升價位規則是指股票成交價要高於前一次的成交價；而等值加價規則是指股票成交價等同於其前一次成

交價，而且前一次的成交價高於再前
一次的成交價格。比如，一檔股票在
40 美元價格成交之後升至 41 美元，
這就是上升價位；如果下一個成交價
還是 41 美元，那就是等價上升價位。
用一句話來說，就是只有在一檔股票
價格上升時才能做空。

投機（Speculation）
投機者企圖利用投資工具賺取厚利
（利用金融產品的價格波動，僅靠價
差而獲利），而甘冒極大的風險。

**1939 年 美 國 信 託 契 約 法（Trust
Indenture Act of 1939）**
主要對各種債券的公開價買賣做出法
律上的規定。

價格波動率（Volatility）
定義為證券價格在某個特定期間的預
期波動程度，顯示可能出現漲勢、跌
勢或上下波動。

認股權證（Warrant）
一種通常與債券或優先股一併發行的
證券，持有人可在限期內或者無限期
的以固定價格（通常高於發行時的市
價），按比例購買普通股。認股權證
也稱為「認股證書」，可以轉讓，並
可於主要交易所買賣。

國家圖書館出版品預行編目（CIP）資料

看懂財經新聞賺錢門道／陳思進著. --
初版. -- 臺北市：樂金文化出版：方言
文化出版事業有限公司發行，2022.11
256 面；14.8×21 公分
原著：看懂財經新聞的第一本書
ISBN 978-626-7079-64-5（平裝）

1. CST：經濟學　2. CST：通俗作品

550　　　　　　　　　111016518

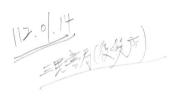

看懂財經新聞賺錢門道

作　　者　陳思進

責任編輯　賴玟秀
編輯協力　楊伊琳、施宏儒
總 編 輯　陳雅如
行銷企畫　徐緯程、段沛君
版權專員　劉子瑜
業 務 部　葉兆軒、尹子麟、林姿穎、胡瑜芳
管 理 部　蘇心怡、莊惠淳、陳姿伃

封面設計　張天薪
內頁設計　顏麟驊
法律顧問　証揚國際法律事務所 朱柏璁律師

出　　版　樂金文化
發　　行　方言文化出版事業有限公司
劃撥帳號　50041064
通訊地址　10046 台北市中正區武昌街一段 1-2 號 9 樓
電　　話　(02)2370-2798
傳　　真　(02)2370-2766

印　　刷　緯峰印刷股份有限公司
定　　價　新台幣 320 元，港幣定價 106 元
初版一刷　2022 年 11 月 9 日
I S B N　978-626-7079-64-5

原著:看懂财经新闻的第一本书/陈思进 著

由作者：陈思进通过北京同舟人和文化发展有限公司（E-mail: tzcopyright@163.com）授权
给方言出版集团发行中文繁体字版本，该出版权受法律保护，非经书面同意，不得以任何
形式任意重制、转载。

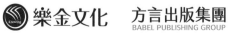

版權所有，未經同意不得重製、轉載、翻印
Printed in Taiwan